죽음의
인류학

신화와 문화로 살펴보는
죽음과 삶의 풍경

죽음의 인류학

이경덕 지음

원더박스

차례

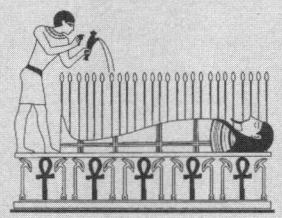

"죽음을 부인하는 문명은 결국
삶마저 부인하는 것으로 끝난다."

– 옥타비오 파스

"우리들이 착실한 삶을 보낸다면
그것은 반드시 훌륭한 죽음으로 이어진다."

– 에피쿠로스

여는 글

어느 해인가 유독 주변에 죽음이 많아 해변의 파도처럼 끊임없이 밀려올 때가 있었습니다. 가까운 사람들과 얽힌 부고를 받아 장례식장을 자주 찾아야 했고 어떤 때는 매주 여기저기 병원 한쪽 구석에 있는 빈소를 찾아야 했습니다. 더러는 온종일 그곳을 지키며 찾아온 사람들을 맞이하기도 했습니다. 죽음의 원인도 참 다양했습니다. 노화로 인한 죽음도 있었고 사고로 세상을 떠난 분도 있었으며, 안타깝게도 스스로 삶을 끝낸 사람까지 있었습니다. 자주 다니다 보면 산에도 길이 생기듯 잦은 죽음의 목격으로 나 역시 언제든 죽을 수 있다는 공포(가끔은 안도)가 몰려왔던 기억이 지금도 생생합니다.

이렇게 밤하늘의 보름달처럼 가깝고 익숙한 죽음이 전혀 다른 모습으로 나타났던 적이 있습니다. 세계를 덮치고 많은 것을 바꾸어 놓은 코로나19가 찾아왔을 때입니다. 빈소를 찾을 수도 없는 수많은 죽음이 해가 지면 스며드는 어둠처럼 새까맣게 밀려왔고, 가까운 사람과 얽힌 죽음까지 소셜 미디어를 통해 전해 들어야 했으며, 모르는 사람의 죽음이 영상 속을 가득 채웠습니다. 그 어떤 의례도 없이 비닐 주머니에 담긴 채 삶과 이별하는 모습은 슬픈 비극이라기보다 의아한 경악에 가까운 것이었습니다. 눈앞의 광경이 잘 이해가 되지 않고 받아들이기 힘들었지요. 그전까지 과거 중세 유럽을 휩쓸었던 페스트나 20세기 초반 세계를 뒤집어 놓고 1차 세계대전마저 끝나게 했던 스페인 독감을 비롯해 전염병으로 인한 수많은 떼죽음을 책과 같은 기록을 통해 간접적으로 경험해 알고 있었으나, 이런 죽음을 실제로 체험하고 바라보는 느낌은 전혀 달랐습니다.

이때 마음속으로 가장 깊이 파고든 감정은 '죽음이 모욕을 당하고 있다'는 안타까움을 더한 분노에 가까운 것이었습니다. 다르게 말하면 우리의 삶이 모욕당하는 느낌이었죠. 짧은 시간 애착을 가졌던 물건이나 다정함을 주고받았던 애완동물과의 이별도 여러 교차하는 감정을 불러일으켜 이를 다독이고 정리하는 절차가 필요한데, 평생을 봐 온 사람의 죽음은 무슨 말이 더 필요할까요? 여기에 숨조차 내뱉기 어려운 먹먹한 죽음이 이태원에서 발생했고 2014년 4월의 봄까지 소환되었습니다. 이 죽음들 역시 사회적인 합의를 거쳐 모두가 하나의 마음으로 정중하게, 그래서 죽은 자의 삶을 존중하는 그런 장례를 치르지 못한 죽음이었습니다.

아마 그 무렵일 것입니다. 20대에 가장 가까웠던 이의 죽음에서 촉발된 관심 때문에 책을 펼치고 현장 답사를 다니며 죽음과 관련된 주제를 꾸준하게 살펴보기도 하고 죽음에 대해 강의하기도 한 것은. 그러다 이를 토대로 그동안 공부했던 것을 '죽음의 인류학'이라는 주제로 묶어 봐야겠다는 생각이 들었습니다.

근래에 들어 죽음의 무게가 확연히 가벼워지고 죽음의 모습 또한 불투명한 베일이라도 드리운 것처럼 흐릿해져 엷어지고 있는 듯이 보입니다. 그건 멀게는 산업혁명 이후 세상이 사람들로 가득 채워져 그만큼 죽음도 많아지고 흔해진 탓도 있겠고, 죽음보다는 삶으로 한껏 쏠린 요즘 사람들의 관심 때문이기도 할 것입니다. 그렇지만 죽음은 99 다음에 100이 오는 것처럼 자연스럽고 당연하다는 조지 오웰의 말처럼 누구든 예외 없이 마주해야 하는 '무엇'입니다.

이 무엇을 두고 누군가는 죽음에 대한 극복이나 초월을 말하고, 또 누군가는 억울하더라도 스펀지가 물을 받아들이듯 수용할 수밖에 없는 것이라고 말하기도 합니다. 최근에는 기존의 생각을 뒤집어, 노화는 치유할 수 있는 질병이며 죽음을 한껏 미룰 수 있고 굳이 마주하지 않아도 된다는 주장까지 나오고 있습니다.

사실 죽음에 관한 사람들의 관념이나 행동은 종교와 과학의 득세 여부에 따라 달라지기도 했습니다. 대체로 종교가 발달하면 죽음의 힘이 강해지고 과학이 발달하면 약해지는 경향을 보였다는 뜻이지요. 주지하듯이 오늘날은 과학과 기술이 발달했고 무게 중심이 죽음에서 삶 쪽으로 크게 기운 상황입니다. 그러나 아직은 인간이 죽는다는 것이 변함없는 사실이라는 점에서 죽음을 둘러싼 매듭은 과거와 현재의 구별 없이 굳게 이어져 있습니다.

이 책에서는 오늘의 죽음을 이해하기 위해 과거부터 현재까지 이어져 온 인류의 죽음을 향한 관념과 행동에 대해 다루려고 합니다. 이 과정에서 막연하고 난해할 수도 있는 죽음의 정서적인 면을 쉽고 흥미롭게 다루기 위해 신화를 수단으로 활용합니다. 그 이유는 문명의 탄생 이래 오랜 세월 동안 신화가 죽음에 천착해 왔고 그 어떤 분야보다 그에 대해 깊은 통찰을 지니고 있다고 믿기 때문입니다. 신화에는 죽음의 수수께끼를 풀기 위한 인간의 고민이 담겨 있습니다.

지극히 당연한 말이지만, 죽음은 옳고 그름의 대상이 아닙니다. 이 글의 관점으로 활용하려는 인류학 역시 옳고 그름을 따지는 학문이 아니라는 점에서 죽음과 인류학은 서로 잘 어울리는 듯이 보입니다.

죽음은 한편으로 삶이기도 합니다. 죽음을 다루려고 의도한 궁극적인 이유는 삶을 돌아보고 좋은 삶을 살아가기 위함입니다. 죽음이라는 안경을 쓰고 삶을 바라보고 싶었던 거죠. 삶과 죽음은 매우 버겁고 더없이 묵직한 주제입니다. 그래서 최대한 그 중력에서 벗어나 담소라도 나누며 산책하듯 가볍게 글을 쓰려고 애썼습니다. 그리고 이 작은 인연을 통해 한번쯤은 죽음을 마주해서 바라보고 그를 통해 그 너머의 삶을 함께 바라볼 수 있으면 좋겠습니다.

시작하기에 앞서

본격적인 이야기에 들어가기 전에 한 철학자를 만나 보겠습니다. 바로 『명상록』이라는 널리 알려진 책을 남긴 마르쿠스 아우렐리우스입니다. 로마의 황제였던 그는 『명상록』에 이런 글을 남겼습니다.

> "죽음이란 무엇일까요? 만약 누군가 죽음과 관련된 잡념들을 떼어내고 죽음에 대해서만 살펴본다면 죽는 것은 자연의 기능일 뿐임을 알 수 있습니다. 혹여 자연의 기능에 겁을 낸다면 그것은 유치한 일일 테지요."(『명상록』 2권 12)

위의 말에서 마르쿠스 아우렐리우스가 언급한 죽음은 탄생과 맞물려 자연스럽게 이어지는 육체적인 죽음입니다. 우리 몸을 돌며 영양을 공급하는 피의 흐름이 멈추고 산소가 공급되지 않으면서 몸을 움직이는 데(생명을 유지하는 데) 필요한 에너지를 만들어 내지 못하고, 몸의 조직들이 파괴되면서 육체가 더는 기능하지 못해 신체가 경직되면서 이르는 그 육체적인 죽음 말입니다. 이는 자연에 속한 생물이라면 예외 없이 맞이하는 죽음의 형태입니다. 우리 인간도 생물이므로 필연적으로 이런 죽음과 마주해야 합니다.

황제 자리에 있는 내내 피비린내 풍기는 전쟁터를 누비며 수많은 죽음과 마주해야 했던 마르쿠스 아우렐리우스는 그 경험 때문인지 오히려 죽음을 덤덤하게 받아들였던 듯합니다. 그러니까 그는 자신이 따랐던 스토아학파의 주장대로 좋은 삶을 살기 위해 애쓰며 살다가 언젠가 죽음이 찾아오면 그 또한 그대로 받아들이라고 말하고 있는 거죠. 그는 죽음은 피할 수 없는 것임을 분명히 밝혔습니다. 『명상록』의 다른 구절을 더 읽어 보겠습니다.

"히포크라테스는 많은 병자를 고쳤지만, 자신은 병들어 죽었습니다. 칼다이오이족 점성가들은 많은 이들의 죽음을 예언하였지만, 이후 자신들에게도 그 예언이 적중하였지요. 알렉산드로스와 폼페이우스, 가이우스 카이사르는 온갖 도시를 닥치는 대로 파괴하고 전장에서 수많은 기병과 보병들을 죽였지만, 어느덧 자신들도 생명을 잃게 되었습니다. 헤라클레이토스는 우주의 불에 대해 파고들었지만, 몸속에 물이 가득 차서 쇠똥을 살갗에 바르고 죽었습니다. 데모크리토스는 해충 때문에, 소크라테스는 다른 종류의 해충[아테네 사람] 때문에 죽었습니다."(『명상록』 3권 3)

마르쿠스 아우렐리우스의 죽음에 관한 생각을 한 문장으로 요약해 보면 '죽음은 자연스러운 것이며 누구도 죽음을 피할 수 없다' 정도가 되지 않을까요? 신체에 깃든 생명이 다하면 그 신체를 통해 이루어지던 생각이나 상상, 판단과 같은 정신적 활동이 중단되고 소중하게 생각하던 모든 것(개인의 꿈과 희망, 타자를 향한 사랑, 돈과 명예 등)과 작별해야만 합니다. 죽음이 찾아오면 모든 것이 죽은 자의 손에서 떠나게 됩니다. 사실, 이는 누구나 아는 상식입니다.

그런데 인류는 이런 모든 생물에게 주어진 자연의 순리를 넘어 자신만의 길을 찾았습니다. 예부터 인류는 자기가 삶에서 얻고 이룬 것을 잃고 싶어 하지 않았습니다. 그것을 계속 누리거나 후세에 전하고 싶어 했지요. 그 점은 개인뿐만 아니라 국가와 같은 집단이나 거대 문명도 다르지 않습니다. 그래서 이들은 죽음 이후의 세계를 궁리하고 상상해서 거대한 죽음의 상상계를 만들어 냈습니다.

그중에는 진정으로 가치 있는 삶은 기억을 통해 영원에 버금가는 생명을 얻는다는 생각도 있습니다. 앞서 소개한 마르쿠스 아우렐리우스가 세상을 떠난 지 2000년도 넘게 지났으나 그의 삶과 글은 오늘날까지 생생하게 살아 있는 것이 그 좋은 사례입니다. 실제로 인터넷서점에서 검색해 보면 20종이 넘는 『명상록』을 찾을 수 있습니다. 어떤 의미에서 그는 지금도 여전히 우리 곁에 살아서 사랑을 받고 있는 셈이지요.

이제부터 죽음과 관련한 여러 주제를 문화와 종교, 신화 등을 활용해서 하나씩 살펴보려고 합니다. 편안한 마음으로 함께 죽음이라는 세계를 여행해 보는 것이라고 생각하면 좋겠습니다. 그리고 여러분이 오래 간직하고 생각할 만한 것을 하나라도 만나게 되면 좋겠다는 희망을 품고 이야기를 시작해 보겠습니다.

1

죽음 이후에 일어나는 일들

: 산 자의 경우

누군가 죽으면, 특히 오랫동안 알고 지낸 가까운 사람이 죽으면, 그 죽음이라는 사건으로 인해 여러 일이 일어나고 많은 것이 바뀌게 됩니다. 물론 그 변화는 죽은 자와 산 자 모두에게 동시에 일어납니다. 삶의 영역에서 죽음의 영역으로 존재가 옮겨 가고 그 과정에서 하나에서 열까지 모든 것이 바뀌는 죽은 자의 변화는 다음 장에서 살펴보기로 하고, 여기서는 먼저 살아 있는 사람에게 일어나는 변화부터 살펴보지요.

아마도 한 번쯤은 가까운 사람의 죽음을 맞이한 적이 있을 겁니다. 그때 자신에게 어떤 일이 일어났는지 가만히 기억을 더듬어 보기 바랍니다. 전혀 예상하지 못한 갑작스러운 죽음이었다면 그 참담하고 고통스러운 상실로 인해 깊은 비탄이 찾아오기도 했을 것입니다. 함께 기쁜 시간을 더 많이 보내지 못했다는 후회와 아픔이 시간을 두고 뒤따라오기도 했겠지요.

이와 달리 오랫동안 앓은 질병 등의 이유로 이미 예고되었던, 그래서 언제 세상을 떠나도 이상하지 않을 죽음이었다면, 어쩌면 마침내 끝났다는 홀가분함을 느꼈을지도 모르겠습니다. 개인적으로 치매를 오래 앓던 가까운 분이 돌아갔을 때 마음 한구석에서 그런 감정을 느낀 적이 있습니다. 그 홀가분함은 저만의 감정이 아니었을 겁니다. 자기가 누구인지도 잊고 살던, 상대가 누구인지도 기억하지 못하는 답답함을 웃음으로 넘기던 그분의 감정이기도 하지 않았을까요?

누군가 죽으면 이런 폭넓은 감정의 변화 외에도 죽은 자의 죽음을 주변에 알리는 일, 유산의 정리와 분배, 사망신고와 은행 계좌 정리 같은 여러 사회관계의 해소를 위한 사회적 절차와 의식이 뒤따르게 됩니다. 그리고 무엇보다 죽음을 슬퍼하는 애도가 있습니다.

죽음 뒤에 찾아오는 애도와 장례

애도는 여러 표정을 지으며 우리 앞에 나타납니다. 먼저 당장 죽음을 마주하고 솟아나는 울음과, 고통의 언어로 뱉어 내는 슬픔 가득한 애도가 있습니다. 마르지 않고 끝도 없이 흘러내리는 눈물, 목 놓아 소리를 지르는 통곡 같은 애도도 있습니다. 그리고 시간이 지난 뒤 우리 삶에 불쑥 나타나 슬픔과 더불어 떠난 자를 추억하게 하고 이를 통해 자신을 돌아보며 삶을 더 단단하게 만드는 자양분이 된다는, 철학자 자크 데리다가 알려 준 애도도 있습니다.

가끔 길을 가다가 죽은 자가 즐겨 입던 옷과 비슷한 차림을 한 사람을 만나거나 무심코 함께 듣던 추억의 노래를 듣는 것 같은, 아무렇지도 않은 평범한 사건에서 문득 떠나간 죽은 이가 마법처럼 마음속에 나타나고 이를 통해 과거를 기억하게 될 때가 있지요? 그때 그 과거의 기억을 거울로 삼아 달라진 현재의 나를 비추어볼 수도 있습니다. 이럴 때 애도는 산 자만의 일방적인 것이 아니라, 죽은 사람이 산 사람에게 영향을 끼치는 일도 됩니다.

그런데 죽은 이를 추억하며 나를 돌아보는 계기로서의 애도는 전적으로 나에 의해 일어나는 행위이기에 나를 포함한 사회에 별다른 문제를 일으키지 않으나(오히려 삶의 자양분이 되지만), 죽은 자가 주체가 되어 실제로 삶 속으로 들어오면 큰 문제가 됩니다.

제사나 추도식과 같은 정해진 의례에서 죽은 자의 영혼을 부르는 게 아니라, 할리우드의 공포영화에서 종종 보듯 죽은 자가 산 자의 세계로 허락 없이 돌아오면 큰 소동이 일어나지요. 신체(좀비)든 영혼(유령)이든 일단 생명이 끊어진 죽은 자는 허락 없이 산 자의 세계로 돌아오면 안 된다는 게 여러 문화권에서 생각한 세상의 규칙입니다. 이렇게 죽은 자의 귀환을 다룬 공포영화는 일어나선 안 되는 일이 일어났다는(실제로 있을 리가 없는) 점을 자극해 공포를 불러일으킵니다.

그래서 사람들은 죽은 자가 제멋대로 돌아오지 못하도록 장례를 치릅니다. 장례는 죽음을 공식적으로 선언하고 그를 통해 죽은 자가 산 자의 세계로 다시 돌아오면 안 된다는 것을 확인하는 절차입니다. 이를 위해 장례에서는, 예를 들면 죽은 자가 꼼짝도 할 수 없도록 꽁꽁 싸매는 염 같은 것으로도 부족해서 땅에 묻거나 불에 태우는 등의 확실한 방법을 통해 삶의 영역에서 죽은 자를 확실하게 격리합니다.

'너 절대로 돌아오면 안 돼!' 하고 단호하게, 그것도 공식적으로 선언하는 거죠. 그리고 법적으로도 사망 처리를 하고 주민등록번호를 말소시켜 되살아나지 못하게 합니다. 따라서 장례는 죽은 자와 산 자가 함께 통과해야 하는 매우 중요한 관문이고 과정입니다.

장례를 마치고 공식적으로 죽음이 인정되면 죽은 자는 추억을 통한 애도나 꿈속의 현현 등을 통해서만 살아 있는 사람들에게 돌아올 수 있습니다. 아마 가까웠던 죽은 사람을 마음속에 떠올리거나 꿈속에서 만난 적이 있을 거예요. 이렇게 돌아올 수 있는 것은 그런 일이 그를 떠올리는 사람의 영역에서 일어나기 때문입니다. 이런 경우는 얼마든지 허용됩니다. 그리고 제사나 서양의 할로윈 축제처럼 정해진 규칙 아래에서 잠시 돌아오는 것도 허용되죠.

어쨌든 장례가 끝나면 원하는 대로 마음껏 애도할 수 있습니다. 축제나 제사 때에 공식적으로 애도해도 되고 언제든 마음 움직이는 대로 술 한 병을 들고 무덤을 찾을 수도 있습니다. 애도는 오롯이 산 자의 몫입니다.

청춘의 신, 불꽃이 되어 사라지다

이쯤에서 누가 죽은 뒤 일어나는 일을 구체적으로 알아보기 위해 북유럽 신화에 등장하는 어느 장례식에 참여해서 죽음이 일어나는 과정부터 장례 절차, 남겨진 자들의 애도와 비탄 등 죽음을 전후한 사건의 여러 얼굴을 찬찬히 들여다보도록 하겠습니다. 여기서 죽은 자는 청춘의 신인 발데르입니다. 죽지 않는 그리스 신화의 신들과 달리 북유럽 신화에서는 신도 죽습니다.

발데르는 북유럽 신화의 최고신인 오딘의 아들로, 싱싱한 생명을 내뿜는 청춘을 담당한 신입니다. 따라서 발데르의 죽음은 청춘 또는 생명의 실종, 즉 세상의 죽음을 의미합니다. 북유럽 신화에서는 세상의 죽음을 라그나뢰크(신들의 황혼)라고 부릅니다.

그 시작은 엉뚱하게도 발데르의 꿈입니다. 어느 날 발데르는 자기가 죽는 꿈을 꾸게 됩니다. 예부터 꿈에서 죽는 것은 대체로 오랫동안 안고 있던 문제나 고민이 해결되는 것을 의미한다고 해몽해 왔습니다. 꿈에서 이가 빠지는 것도 죽는 것과 비슷한 맥락으로 해석했지요. 흔히 "앓던 이가 빠졌다"라는 표현에서처럼 죽거나 이가 빠지는 것은 무언가 끝나고 사라진다는 것을 의미하기 때문에 나를 괴롭히던 문제나 고민이 끝나서 사라진다고 해몽하는 거죠.

그런데 발데르는 자기가 죽는 꿈을 한 번이 아니라 며칠 동안 반복해서 꾸게 됩니다. 처음 꿈을 꾸었을 때는 대수롭지 않게 여겼으나 여러 차례 꿈이 반복해서 되풀이되자 그냥 넘길 일이 아니라는 생각이 들었습니다.

발데르는 어머니인 프리그에게 찾아가 자기가 며칠 동안 꾼 꿈에 대해 말했습니다. 세상의 어머니들이 대체로 그러듯이 프리그도 그 이야기를 듣고 자식 일에 발 벗고 나섰지요. 프리그는 힘들게 발품을 팔아 세상 곳곳을 돌아다니면서 세상의 모든 사물과 생물에게 발데르를 해치지 않겠다는 서약을 받았습니다. 돌과 쇠, 물과 불이 굳게 맹세했고, 모든 동물과 나무도 약속했죠. 그렇게 세상의 모든 것이 발데르를 해치지 않겠다고 서약합니다.

이렇게 되자 오히려 발데르는 죽지 않는 불사신이 되었습니다. 그 무엇도 발데르를 해치지 않겠다고 서약했기에 그 무엇으로도 발데르를 죽일 수 없게 된 것이죠. 이 사실을 알게 된 신들은 크게 기뻐하며 발데르에게 돌을 던지고 화살을 날리기도 하며 칼로 찌르기도 했습니다. 그런 놀이로 죽음에서 벗어난 발데르를 축하해 주었습니다.

신들은 매일 발데르를 향해 창을 던지고 화살을 쏘며 놀았고 심지어는 새로운 무기를 개발해서 발데르에게 시험했습니다. 신들은 안전한 상황에서 안심하고 마음껏 뛰어노는 아이들처럼 신이 나서 죽을 수 없는 발데르를 죽이는 놀이를 했던 거죠.

이렇게 발데르는 죽지 않는 것을 넘어서 죽일 수 없는 존재가 되었습니다. 세상에서 정말로 죽일 수(즉 없앨 수) 없는 것은 대체로 아주 훌륭한 인물의 대를 이어 전해지는 명성이나 아주 나쁜 사람의 악명, 또는 도저히 잊을 수 없을 정도로 아름답거나 참혹한 기억처럼 보이지 않는 것들인데, 발데르는 보이는 몸을 갖고 있음에도 죽일 수 없는 존재가 되었습니다.

발데르가 죽지 않는 존재가 되었다는 것으로 이야기가 끝났다면 좀 시시했을 테고, 시간을 건너 우리에게 전해지지 않았겠지요. 어머니의 고단하고 헌신적인 노력과 신들의 신나는 놀이는 오늘날의 우리에게 별반 감흥이 없는 이야기니까요. 하지만 죽는 꿈에서 시작된 이야기는 이제부터가 진짜입니다.

발데르 죽이기 놀이에 신이 난 신들을 보며 입술을 삐죽 내밀며 뱃속이 꼬인 신이 하나 있었습니다. 늘 사건을 일으키고 재미를 위해서라면 선과 악을 가리지 않고 무슨 일이든 저지르는 로키였습니다. 이런 존재를 인류학에서는 '트릭스터'라고 부릅니다.

로키는 다른 모습으로 변장하고 발데르의 어머니인 프리그를 찾아가서 수다를 떨다가 지나가듯이 넌지시 정말 세상의 모든 것이 발데르를 해치지 않겠다고 약속했느냐고 물었습니다. 덫을 놓은 거지요. 프리그는 잠깐 생각하다가 고해성사라도 하듯이 숲속의 겨우살이가 너무 어려서 서약을 받지 못했다고 털어 놓았습니다. 그 순간 로키는 앞으로 일어날 흥미진진한 사건을 머리에 떠올리며 회심의 미소를 지었습니다.

곧바로 숲속으로 달려간 로키는 겨우살이 가지를 하나 꺾어서 신들의 놀이터로 돌아왔습니다. 그리고 한쪽 구석에 홀로 앉아 있는 신을 찾아갔습니다. 바로 발데르의 동생이며 운명의 신인 호드였습니다. 호드는 앞을 볼 수 없는 장님이라 '죽일 수 없는 발데르 죽이기' 놀이에 참여할 수 없었지요.

로키는 호드에게 다가가 발데르가 죽지 않는 존재가 된 것을 축하해 주라며 겨우살이 가지를 쥐어 주고 어디서 어느 방향으로 던져야 하는지까지 친절하게 알려 주었습니다. 호드는 로키의 권유에 따라 겨우살이를 힘껏 던졌고 겨우살이는 운명처럼 날아가 발데르에게 명중했죠. 결국 자신이 꾸었던 꿈에서처럼 발데르는 그 자리에 쓰러져 죽고 말았습니다.

이른 봄에 꽃을 피우는 겨우살이는 노란빛을 띠기에 '황금가지'라고도 불립니다. 영국의 저명한 인류학자인 제임스 프레이저의 명저인 『황금가지』의 제목도 여기에서 유래했습니다. 겨우살이는 참나무나 밤나무 등에 기생해서 숙주가 되는 나무의 수액을 뽑아먹고 그 힘으로 꽃을 피우고 열매를 맺는 기생식물입니다. 그래서 예부터 유럽에서는 겨우살이가 죽음과 부활을 상징한다고 믿었죠. 오늘날에는 항암효과가 있다고 알려져 많은 사람이 찾는 약재로 쓰이고 있습니다.

발데르가 로키의 간계로 겨우살이를 맞고 죽자 최고신 오딘을 비롯한 여러 신이 발데르를 되살려 내기 위해 백방으로 애를 쓰게 됩니다. 먼저 저승으로 달려가 저승의 신에게 발데르를 돌려달라고 요청하여 세상의 모든 것이 죽음을 슬퍼하며 운다면 영혼을 돌려주겠다는 약속을 받습니다. 그러자 세상의 모든 것들은 발데르의 죽음을 슬퍼하며 눈물을 흘렸으나 이번에도 여자 거인으로 변신한 로키가 울기를 거부하면서 실패로 돌아갑니다. 신들은 달리 백방으로 애를 썼으나 번번이 실패하고 말았습니다.

신들은 어쩔 수 없이 장례를 치르기로 합니다. 당시 북유럽에서 행해지던 장례 방식은 시신을 실은 배를 바다 위에서 통째로 태우는 화장이었습니다.

장례식이 거행되던 날, 아직 해가 뜨지 않아 어두컴컴한 새벽에 절망과 비탄에 빠진 신들이 장례가 치러지는 해변에 모였습니다. 신들 외에도 뭐든 잘 만드는 난쟁이들, 황량한 곳에 사는 서리 거인들도 발데르의 마지막을 보기 위해 하나둘씩 해변을 찾아왔습니다. 그날 해변은 발데르의 마지막을 보려는 추모객으로 가득 채워졌다고 전합니다.

얼마 후 마차에 실린 발데르의 시신이 도착했고 해가 뜨고서 장례가 시작되었습니다. 발데르는 해변에 정박한 배 위에 안치되었고 배는 여러 장식물과 평소에 발데르가 사용하던 유품들로 채워졌습니다. 시신 주변에는 장작을 쌓았습니다. 그때 배에 장작을 쌓는 걸 지켜보던 발데르의 아내 난나는 슬픔을 견디지 못하고 심장이 터져서 죽었고 신들은 절망적인 고통을 느끼며 발데르 옆에 난나의 시신을 눕혀야 했죠.

장례 준비가 모두 끝나자 신들이 한 명씩 차례로 배에 올라가 먼 길을 떠나는 발데르에게 작별 인사를 했습니다. 가장 마지막에 배에 오른 것은 아버지인 오딘이었죠. 그는 자기의 황금 팔찌를 빼서 발데르에게 주고는 귀에 대고 마지막 인사를 했습니다. 자신보다 일찍 죽은 아들에게 아버지는 무슨 말을 했을까요?

작별 인사를 마치고 나면 묶어 놓은 배를 풀어 바다로 띄워 보내야 합니다. 그런데 신들은 밧줄을 풀었으나 배를 바다로 띄우지 못했죠. 깊은 슬픔으로 몸의 힘을 모두 잃은 탓이었습니다. 신들의 부탁을 받은 여자 서리 거인이 배를 밀자 그제야 배는 바다를 향해 움직였습니다. 불이 붙은 배는 바다 한가운데로 흘러갔고 추모객들이 지켜보는 중에 발데르와 난나를 비롯해 배까지 모두 집어삼킨 그 불꽃마저 바다로 사라지며 슬픔과 비탄이 가득한 장례식이 마무리되었습니다.

발데르의 죽음과 장례에서 보았듯이 누군가 죽으면 산 자와 죽은 자를 떼어 놓는 장례가 치러집니다. 산 자는 슬픔을 지니고 여전히 세상에 남아 있지만 죽은 자는 멀리 떠나게 되지요. 아무리 깊이 사랑하고 애틋하게 친했다고 해도 산 자는 죽은 자를 떠나보내야 하며, 아무리 아쉬움이 남아도 죽은 자는 떠나야 합니다. 그리고 그 공식적인 선언이 바로 장례입니다. 이렇게 장례를 치르면 공식적으로 죽은 자가 됩니다.

죽은 자를 하늘에 묻는 티베트

장례는 삶과 죽음의 격리가 공식적으로 이루어졌음을 알리는 의례입니다. 죽은 자는 정해진 질서에 따라 격리되고 정해진 영역(예를 들면 무덤) 내에서 죽음 이후의 삶을 살아야 합니다. 판사가 재판장에서 판결을 내리듯 장례를 통해 죽음을 확정하기 때문에 장례를 치르지 않으면 공식적으로 죽음을 인정받지 못합니다. 이에 따라 죽었으나 장례를 치르지 못한 자는 이른바 구천을 떠돌게 됩니다.

이렇게 삶과 죽음을 공식적으로 떼어 놓는 장례의 성격은 세계 어디에서나 비슷합니다. 그렇지만 장례를 치르는 형태는 지역마다 차이가 큽니다. 그것은 그 지역 고유의 지리적 특징이나 역사·문화적인 성격에 따라 장례 풍습이 달라지기 때문이지요.

세계의 여러 장례 가운데 지리적 특성이 가장 잘 드러난 것은 아마도 티베트의 천장天葬이 아닐까 합니다. 티베트의 독특한 지리적 특징은 건조한 고원지대라는 것입니다. 티베트는 히말라야산맥의 북쪽, 쿤룬산맥의 남쪽에 자리한 고원지대로, 평균 해발이 4900m에 이르는 지구에서 가장 높은 곳에 위치해 있습니다.

이런 고원지대에서도 사람들이 태어나고 죽어 갑니다. 그리고 다른 지역처럼 누군가 죽으면 장례도 치릅니다. 티베트는 극도로 건조한 자연환경 때문에 매우 특이한 방식으로 죽은 자를 떠나보냅니다. 다른 지역처럼 땅에 묻는 매장이나 불에 태우는 화장이 아닌, 하늘에 묻는 천장을 치릅니다. 물론 지구에는 중력이 작용하고 있기에 실제로 하늘에 묻을 수는 없습니다. 그렇다면 어떻게 하늘에 묻을까요? 티베트 사람들은 하늘에 살고 있는 독수리에게 죽은 자를 맡깁니다. 즉 독수리가 하늘에서 날아와서 죽은 자의 몸을 먹고 하늘로 돌아가는 거지요.

독수리에게 죽은 자의 몸을 먹이는 천장의 절차는 이렇습니다. 누군가 죽으면 몸을 접어서 머리를 두 무릎 사이에 넣고 하얀 천으로 감는데 그것은 갓 태어난 아이처럼 만들기 위함입니다. 티베트 사람들은 사람이 죽은 이후에 다시 태어난다는 윤회를 믿기 때문에 갓 태어난 아기처럼 만드는 거지요. 그리고 티베트 불교의 승려가 찾아와 죽은 자의 영혼이 좋은 곳으로 가기를 바라는 기도문을 읽는 의례를 치릅니다. 이 의례는 '포와phowa'라고 부릅니다. 포와가 끝나면 죽은 자를 가까운 사원으로 옮긴 다음에 장례를 치를 날짜를 정해서 장례가 치러지는 곳(대부분 언덕)으로 시신을 옮깁니다.

장례를 주관하는 승려인 천장사는 나중에 49재를 지낼 수 있도록 죽은 자의 머리카락과 손톱을 잘라 유족에게 주고 불을 피운 다음에 사람의 뼈로 만든 피리를 불어서 티베트 사람들이 신의 새라고 부르는 독수리를 부릅니다. 독수리가 익숙하다는 듯이 하늘에서 날아와 근처에 앉으면 천장사는 죽은 자의 몸을 몇 개의 덩어리로 만들어 독수리에게 던져 줍니다. 독수리들이 죽은 자의 몸을 모두 뜯어 먹고 뼈만 남으면 천장사는 뼈를 잘게 부수어 티베트 사람들이 음식으로 먹는 가루에 섞어서 뭉친 다음에 이마저도 독수리에게 먹입니다. 죽은 사람의 몸을 뼛조각 하나 남기지 않고 모두 독수리에게 먹이면 장례가 끝납니다. 우리가 보기에는 참으로 독특한 장례이지요.

티베트의 고유한 장례인 천장은, 20세기 초반 세계 사람들이 아직 서로를 잘 이해하지 못했을 때 천장을 지켜본 서양인이 야만스럽다는 풍습이라 비난하며 사진과 함께 언론에 보도하여 세계에 널리 알려졌습니다. 죽은 사람의 신체를 독수리에게 준다는 행위만을 보고 야만적이라고 성급한 판단을 내린 것이지요. 각 지역의 고유한 문화를 향한 관심이 커진 요즘이라면 먼저 왜 그렇게 장례를 치르는지 알아보려고 했겠지만 당시엔 그런 분위기가 아니었습니다.

처음 티베트에 갔을 때 영화에서 본 화성을 연상시키는 황량한 자연이 준 충격과 고산병이 안겨 준 고통이 기억납니다. 티베트의 수도에 있는 라싸 공항은 세계에서 가장 높은 곳에 자리한 공항이라고 합니다. 주변의 기압이 낮아지면 과자 봉지가 빵빵하게 부풀어 오르

독수리에게 시신의 처리를 맡기는 천장은, 티베트의 자연환경에서 죽은 자를 산 자의 세계에서 빠르게 격리시키는 합리적인 방법입니다. 여기에서 독수리들이 죽은 자의 영혼을 하늘로 인도한다는 관념도 생겨났습니다.

는데 안팎의 기압 차이로 인한 효과는 사람의 몸에도 그대로 적용되고 그로 인해 고산병이라고 불리는 현상이 찾아오지요. 얼굴 표피 아래에서 뭔가 자글자글 끓어오르는 느낌이 났습니다.

자연환경은 산 자뿐만 아니라 죽은 자에게도 그대로 적용되고 영향을 끼칩니다. 티베트 사람들이 독수리에게 시체를 먹이는 천장을 하게 된 것은 바로 건조함 때문입니다. 너무나도 건조하기 때문에 땅에 묻는 매장을 하면 시신이 썩지 않고 강시나 미라처럼 되고 맙니다. 화장을 하려고 해도 건조한 고산지대라 태울 나무를 구하기가 어렵습니다.

장례가 끝나면 죽은 자는 산 자의 세계에서 격리되고 화장했을 때처럼 곧바로 사라지거나 매장했을 때처럼 시간의 흐름과 함께 사라지는 것이 중요한데 티베트의 자연은 그걸 허용하지 않는 거죠. 사라져야 할 것이 사라지지 않고 남아서, 삶 속에 죽음이 그대로 존재하는 공포영화와 같은 상황이 연출됩니다. 게다가 독실한 불교도인 티베트 사람들에게는 몸이 사라지지 않으면 윤회를 할 수 없다는 강한 믿음이 있습니다. 그래서 티베트 사람들은 어떻게 해서라도 죽은 몸이 사라지게 만들어야 했고, 궁리 끝에 독수리에게 죽은 사람의 몸을 먹이는 천장이라는 방법을 찾아낸 거죠.

티베트에서는 오히려 아주 흉악한 범죄를 저지른 사람을 땅에 묻는다고 합니다. 그 사람은 몸이 사라지지 않고, 그래서 다시 태어나지 못하는 아주 무서운 형벌을 받게 되는 거죠. 티베트에서 매장은 어쩌면 사형보다 더 무서운 형벌이라고 할 수 있습니다. 그러니 천장은 야만스럽거나 끔찍한 장례가 아니라 그들의 지리적 특성에 맞는 지극히 합리적인 문화인 셈이죠.

인류가 고안한 여러 독특한 장례

티베트의 천장 외에도 특유의 지리적 환경 때문에 생겨난 독특한 장례 방법이 꽤 많습니다. 그 사례 가운데 하나가 현관장입니다. 티베트의 천장은 그 충격적인 모습 때문에 제법 알려져 있으나 현관장은 좀 생소한 장례법이 아닐까 합니다.

현관장의 '현관懸棺'은 관을 건다는 뜻으로 절벽에 관을 거는 모습에서 유래한 이름입니다. 말 그대로 까마득한 절벽에 구멍을 뚫어 받침대를 설치하고 그곳에 관을 안치하는 장례 방법으로 주로 낭떠러지가 많은 고산지대에서 행해지고 있습니다. 대표적인 지역으로는 중국 남부의 귀주(구이저우)를 꼽을 수 있습니다.

중국 귀주는 예부터 소수민족이 많이 사는 지역입니다. 현관장은 소수민족 가운데 고산지대에 사는 묘족이 무려 3000년 전부터 해왔던 오래된 장례 방법입니다. 이들이 높은 절벽에 관을 매달게 된 것은 주변의 다른 부족과 다툼이 있을 때마다 조상들의 무덤이 파헤쳐지는 것을 보고 다른 지역 사람이 쉽게 접근할 수 없는 절벽에 관을 걸게 되면서부터라고 합니다. 낭떠러지가 많은 자연환경을 활용한 풍습인 것이지요.

외부에서 유입된 것이든 내부에서 발생한 것이든 일단 어떤 문화가 생겨나면 시간의 흐름에 따라 그 문화를 뒷받침하거나 합리화하는 관념이 생기기 마련입니다. 현관장의 경우도 다르지 않아서, 시간이 흐르면서 하늘과 가까운 곳에 관을 매달수록 하늘에 빨리 간다는 관념이 생겨났고, 이에 따라 사람들 사이에서 더 높은 곳에 관을 매달려고 하는 경쟁이 시작됩니다. 일반적으로는 마을에서 많은 존경을 받은 사람의 관이 높은 곳에 매달린다고 합니다.

현관장을 하는 지역은 또 있습니다. 필리핀 루손섬에 속한 사가다라는 도시는 많은 관광객을 불러 모으는 관광명소로 유명한데, 이곳의 명물 가운데 하나가 바로 관이 절벽에 매달려 있는 '행잉코핀스Hanging Coffins'입니다. 이 지역에서는 사람이 죽으면 먼저 시신을 담은 관을 절벽 아래로 옮깁니다. 그리고 관의 무게를 지탱할 기둥을 설치한 다음에 끈으로 관을 고정해서 절벽에 겁니다. 시간이 지나면 관이 썩고 관 속에 있던 유골도 자연스럽게 아래로 떨어집니다.

그런데 실제로 절벽에 관을 매달 수 있는 것은 부자나 사회 지도층이라고 합니다. 관을 매달기 위해서는 비용이 많이 들기 때문입니다. 그래서 보통 사람들은 주변에 있는 동굴에 관을 쌓아 둡니다. 이들이 매장하지 않고 관을 매달거나 쌓아 두는 이유는 보이지 않게 땅에 묻으면 악마가 몰래 그의 영혼을 탈취해 간다고 믿기 때문입니다. 그래서 최대한 빨리 신이 발견하고 영혼을 데려갈 수 있게 하도록 잘 보이는 절벽에 걸거나 동굴에 쌓아 두는 거죠.

바다와 가까운 곳에 사는 해양 민족 사이에서는 수장이 선호되

본래 실용적인 이유로 생긴 문화라도 시간이 지나면 그것을 합리화하는 믿음과 관념이 만들어
집니다. 그리고 실용적인 이유가 사라져도 문화는 그대로 유지되지요. 필리핀 사가다의 현관장
은 이제 그 지역을 특징짓는 요소가 되었습니다.

는 장례 가운데 하나입니다. 우리나라도 삼면이 바다로 에워싸인 반도지만 오랫동안 농업을 중심으로 살아온 탓에 수장은 금기시되었습니다. 최근에는 바다에 묻히기를 원하는 경우 화장해서 뼛가루를 바다에 뿌리는 방법이 일반적으로 행해지는 수장입니다. 인류 역사상 처음으로 달에 발을 디딘 닐 암스트롱은 그 뛰어난 업적으로 국립묘지에도 안장될 수 있었으나 이를 거부하고 바다를 선택한 것으로 유명합니다. 그는 원래 해군 비행기 조종사였기에 고향과 같은 바다에 묻히고 싶어 했던 것이지요.

한편 무더운 중동에서는 장례를 매우 빠르게 지냅니다. 고대 그리스에서는 무려 12일장을 치렀고, 매우 빠른 속도로 일상이 변하는 오늘날 우리 사회에서는 보통 3일장을 치르는데, 중동에서 발생한 이슬람교와 유대교에서는 죽은 당일에 매장하는 것을 기본으로 삼고 있습니다. 그건 더위 때문에 시신이 부패할 가능성이 크기 때문입니다.

특히 이슬람교와 유대교는 훗날 육신의 부활을 믿는 종교이기에 신체의 온전한 보존을 매우 중요하게 생각합니다. 이런 오랜 관념은 무더위라는 지리적인 문제를 극복할 수 있는 냉장과 냉동 기술이 크게 발달한 현대에도 바뀌지 않아서 여전히 당일 매장을 고집하고 있죠. 이는 특히 종교를 토대로 한 문화 속에서 생겨난 관념은 좀처럼 쉽게 바뀌지 않는다는 것을 잘 보여주는 사례이기도 합니다.

가치관의 변화에 따라 달라지는 장례

이처럼 장례는 종교나 이념, 문화, 자연환경 등 여러 요인이 결합해서 행해지는데 그 요인들은 절대적인 것이 아니라 선택적입니다. 그러니까 상황이 바뀌면 장례에도 변화가 생길 수 있다는 뜻입니다. 한국의 장례가 바로 그러하지요.

한반도에 불교가 들어온 이후, 화장을 선호하는 불교의 영향으로 고려 시대까지 화장이 장려되었습니다. 이후 조선 시대에 들어서 매장을 선호하는 유학으로 이념이 바뀌면서 매장이 널리 행해집니다. 그런데 오늘날에는 다시 화장을 선택하는 사람이 훨씬 많습니다 (최근 통계에 따르면 90% 이상 화장을 하고 있습니다). 한국인이 갑작스레 모두 불교 신자가 된 것은 당연히 아닙니다. 이런 변화는 묘지가 차지하는 땅이 너무 넓다는 문제의식과 경제적 비용, 편의성 등의 이유로 일어난 것입니다. 우리나라에서 묘지가 차지하는 면적은 현재 부산의 2배, 서울의 1.65배, 전체 주거 공간의 약 38.7%에 이를 정도로 묘지 포화 상태입니다. 산 자를 위한 공간이 부족해지면서 죽은 자를 위한 공간인 묘지를 크게 만드는 것에 대해 부정적인 생각이 커졌고 자연스레 화장이 크게 성행하게 된 것이지요. 한국의 종교 분포에서는 매장을 선호하는 그리스도교의 세력이 강하지만 여러 현실적인 요인 때문에 화장을 선택하고 있다는 뜻입니다.

고대 화석인류가 언제부터 장례를 치렀는지 공식적으로 알려진 것은 없습니다. 수렵과 채집을 하며 떠돌던 고대 인류는 풍장風葬을 했을 것으로 생각됩니다. 풍장은 말 그대로 바람(자연)에 시신을 맡겨서 자연스러운 소멸이 일어나게 만드는 방법입니다. 거칠게 말하면 시신을 그대로 자연 상태로 버려 두는 거죠. 이렇게 풍장이 실행되다가 훗날 백골이 된 뼈를 수습해서 새롭게 장례를 치르는 세골장이나 초분 등과 같은 장례가 나타나게 됩니다. 즉 이때 비로소 사람들이 의식해서 치르는 장례라고 부를 수 있는 것이 시작되었다고 할 수 있습니다. 인류 역사에서 가장 오래된 장례인 풍장은 오늘날 행해지지 않습니다.

이렇게 과거에 행해지다가 현재는 사라진 장례 가운데 하나가 순장입니다. 순장은 왕이나 귀족처럼 신분이 높거나 강한 권력을 지녔던 사람들이 죽은 뒤에도 현생의 삶을 그대로 누리기 위해 하인이나 시녀, 병사 등을 죽여서 함께 묻은 것을 가리킵니다. 이는 죽은 뒤에도 현재의 삶이 그대로 이어진다는 생각을 토대로 한 장례로, 특정 믿음에서 유래한 가장 비극적인 장례이기도 합니다. 순장은 특정 지역에서만이 아니라 세계 곳곳에서 행해졌습니다. 그러니까 순장은 신분 차이가 뚜렷했던 사회와 지역에서 두드러지게 나타났지요.

우리나라에도 고대에 순장이 행해졌다는 기록이 남아 있습니다. 고려 때 편찬된 『삼국사기』에 따르면 고구려 11대 왕이던 동천왕이 세상을 떠나 신하들이 따라 죽으려고 하자 새롭게 왕이 된 중천왕이 반대했다고 전합니다. 그러나 중천왕의 만류에도 불구하고 동천왕을 따라 죽은 사람이 110명에 이르렀다고 합니다.

혹 자발적인 죽음도 있었을지 모르나 대개는 죽은 자와 가깝다는 이유로 강제로 죽임을 당했을 겁니다. 고대에 왕들의 독살이 자주 발생했다는 점과 연계해서 신하나 아내와 같은 가까운 사람이 왕을 죽이지 못하게 하도록 순장이 행해졌다는 주장도 있습니다. 순장이 라는 제도가 있으면 왕이 죽을 때 자기도 죽으니, 왕이 적어도 가까 운 사람에게 살해되는 일은 없을 테니까요.

오늘날에도 여전히 여성의 인권이 낮은 곳이라고 평가되는 인 도에서는 사티라고 불리는 순장이 비교적 최근까지도 행해졌습니다. 사티는 남편이 죽으면 미망인이 된 아내도 따라 죽는 것인데 주변의 따가운 눈초리 때문에 어쩔 수 없이 따라 죽는 경우가 많았다고 합니 다. 또 여자가 홀로 남아 사는 게 힘들기도 했기에 삶을 포기하고 스 스로 죽는 경우도 많았고요. 현재 사회·문화적으로 인권에 대한 인 식이 커지고 국가에서 법으로 강력하게 금지하면서 순장은 사라졌습 니다. 여전히 순장을 바라는 사람이 있는지도 모르겠으나 순장을 했 다는 이야기는 이제 들리지 않지요(들리면 큰 소동이 일어날 겁니다).

죽음의 양상이 바뀌고 그에 따라 장례의 모습도 바뀌었지만, 인 류는 여전히 장례의 본질인 격리와 소멸이라는 목적을 달성하기 위 해 여러 방법을 궁리하고 있습니다. 화장해서 납골당(봉안당)에 안치 하는 방법, 살아 있는 나무 아래에 유골을 모시는 수목장 등이 최근 많이 행해지는 장례입니다. 그리고 풍선에 뼛가루를 담아 하늘로 날 려 보내는 풍선장이라는 장례도 행해지고 있고, 미국에서는 시신을 퇴비로 활용하는 퇴비장까지 등장했습니다. 실제로 퇴비장은 워싱턴 주에서는 2019년부터 시행되기 시작했고, 캘리포니아주에서는 2027

년부터 허용됩니다. 퇴비장은 자연으로 돌아간다는 측면에서 고대의
풍장을 연상하게 합니다. 앞으로 인류는 또 어떤 장례를 치르게 될지
궁금하기도 합니다.

산 자의 생각이 깃든 죽은 자의 집, 무덤

장례가 끝나면 죽은 자는 기존에 살던 집을 떠나 새로운 집으로 이주
하게 됩니다. 이렇게 보면 죽음은 확실히 여행처럼 떠나는 것이 맞는
듯합니다. 한편으로는 다시 돌아올 수 없다는 점에서 아득히 먼 곳으
로 이민을 떠나는 것과 비슷할지도 모르겠네요.

죽은 사람이 새롭게 거주할 집은 형태도 다양하고 이름도 여럿
있으나 흔히 무덤 또는 묘지라고 부릅니다. 무덤이나 묘지는 아직 살
아 있을 때 미리 준비해 두기도 하지만(수의와 관까지 준비하기도 합니
다) 대체로 산 자가 죽은 자를 위해 준비합니다.

집은 생존을 위한 핵심 요소인 의식주 가운데 하나로 삶의 바탕
이 됩니다. 그래서 집을 정할 때 많은 것을 고려하게 되죠. 과거에는
등 뒤에 산을 두고 앞에 물이 흐르는 배산임수 지형처럼 자연적 입지
가 좋은 곳을 원했고 지금은 역세권 같은 편의성과 경제성이 좋은 곳
을 선호합니다. 이럴 때 '터가 좋다' 같은 말을 쓰죠. 이렇게 터가 좋
은 곳을 찾으려는 경향은 죽은 자의 집인 무덤 자리를 정할 때도 그
대로 적용됩니다. 과거에는 무덤의 자리가 후손의 삶에 영향을 미친

다고 해서 풍수지리를 활용해 매우 신중하게 골랐으나 요즘엔 찾아가기 쉽거나 관리하기 쉬운 곳을 선호합니다.

자기가 사는 집을 짓는 동물은 많고 코끼리처럼 죽은 동료를 애도하는 동물도 있으나 죽은 이를 위해 무덤을 만드는 것은 인류뿐입니다. 그런데 왜 인류는 많은 노고를 기울여 죽은 자를 위한 집을 만든 걸까요? 그것은 인류가 지닌 가장 강력한 능력 가운데 하나인 생각하는 힘 때문입니다.

잘 알려진 것처럼 비버라는 동물은 물 위에 집을 짓고 심지어 규모가 작기는 하지만 제법 튼튼한 댐도 건설합니다. 비버가 집과 댐을 지을 줄 아는 것은 이들이 따로 목수 일을 배웠기 때문이 아니라 집을 지을 줄 아는 유전자를 타고나기 때문입니다. 물론 사람은 집을 지을 줄 아는 유전자를 갖고 태어나지 않습니다. 그래서 고대 인류는 오랫동안 동굴과 같이 이미 존재하는 공간을 거주지로 삼았지요.

한편 비버는 예나 지금이나 똑같은 집을 짓습니다. 그것은 집 짓는 유전자는 물건을 만드는 틀처럼 이미 고정돼 있기 때문입니다. 반면 인류는 집 짓는 유전자는 없으나 뇌의 용량을 넓히고 생각과 상상력을 키우면서 다양한 집을 지을 수 있게 되었습니다. 그 결과로 개집과 같은 작고 단순한 집부터 거대한 피라미드나 100층이 넘는 고층 빌딩도 지을 수도 있게 되었지요. 생각과 상상을 토대로 콘크리트나 철근 등과 같은 재료, 과학과 기술을 결합해서 다양한 건축물을 세운 거죠.

무덤을 만들게 된 까닭도 이와 다르지 않습니다. 무덤은 죽음이라는 사태에 인간의 생각과 상상이 더해진 결과물입니다. 즉 죽음 이후를 상상하고서, 죽은 다음에도 살아 있을 때처럼 집이 필요할 것이라는 생각에 다다른 것이죠. 그러니까 무덤은 죽은 다음에도 삶이 이어진다는 관념을 실제로 표현하고 있는 대표적인 상징물입니다.

따라서 죽음에 깃든 생각과 상상을 더듬는 데는 과거 사람들이 조성한 무덤을 살펴보는 것도 좋은 방법입니다. 앞에서 장례가 삶에서 죽은 자를 격리하는 것임을 보았습니다. 그래서인지 고대의 무덤은 생활공간에서 멀리 떨어진 곳에 있었습니다. 죽은 자를 격리하듯 그들이 사는 죽음의 집인 무덤도 산 자의 공간에서 배제하고 격리하기 위해 도시 바깥이나 접근이 힘든 산속에 주로 조성되었지요.

로마에서는 성 외곽에 무덤을 조성했는데, 이는 도시라는 문명 바깥에 죽음을 두어야 한다는 생각에서 비롯한 것입니다(로마는 성벽을 기준으로 문명과 야만을 구분했습니다). 중국에는 그 이름도 유명한 북망산의 사례가 있습니다. 고대 중국의 수도인 낙양에 살던 사람들은 도시 북쪽에 있는 이 산에 무덤을 만들었는데 그 이유는 로마와 다르지 않습니다.

이렇게 죽음에 관한 사람들의 관점이나 생각이 무덤의 위치나 형태에 그대로 적용된다는 걸 알 수 있지요. 과거에 무덤을 도시의 외곽이나 접근성이 나쁜 산과 같은 곳에 조성한 것은 실제로 죽음을 삶이 오염된 것 또는 무섭고 꺼림칙한 것이라는 부정적인 관점으로 바라봤기 때문이라고 이해할 수 있습니다.

그러나 세월이 지나면서 죽은 자를 적극적으로 활용해야 하는 경우가 생기게 됩니다. 대표적인 사례가 왕릉이죠. 왕이 되고 싶다면 아버지를 왕으로 만드는 것이 가장 쉬운 방법이라는 농담이 있습니다. 지금도 여전히 재벌 세습 같은 일이 일어나곤 하는데, 과거에는 왕위나 벼슬 등 사회에서 인정하는 여러 좋은 자리가 부모 자식 간에 세습되는 경우가 더 많았습니다. 이때 그 좋은 자리의 정통성은 기본적으로 부모에서 오기 때문에 부모(나아가 조상을 포함해서 심지어 신까지)와의 관계를 적극적으로 드러내야 합니다.

그래서 조상을 포함한 부모의 무덤을 화려하게 꾸밀 필요가 생깁니다. 이집트의 피라미드나 조선의 왕릉이 크고 화려한 것은 이런 이유 때문입니다. 권력의 정당성을 보증하기 위해 죽음을 아주 거대하게 치장한 것이죠.

한편 조상의 무덤을 집 안이나 가까운 곳에 둘 수 없기에 고안해 낸 것이 사당입니다. 죽은 자를 혼과 백으로 나누고 눈에 보이는 신체(백)는 먼 곳으로 격리하고, 눈에 보이지 않는 정신 또는 혼은 가까운 곳에 두는 방법이죠. 이는 위생적인 면도 고려된 것입니다. 조선의 왕들이 삶의 공간인 경복궁과 창덕궁 옆에 역대 왕과 왕비의 위패를 모시는 사당인 종묘를 두었던 것도 죽은 자를 적극적으로 활용하기 위해서였습니다.

이쯤 되면 무덤은 죽은 자를 위한 것만이 아니라 산 자를 위한 것이기도 합니다. 이는 비단 피라미드나 조선의 왕릉에만 국한되지 않습니다. 일반 사람들도 조상을 모시는 집안의 공동 묘역을 조성하고 매년 구성원들이 모여서 시제를 지내거나 명절이나 기일에 자식들과 함께 부모와 조상의 무덤을 찾습니다. 그런 행사를 통해 효와 같은 관념을 생성해서 가족 공동체의 화합을 도모하기 위해서지요.

무덤의 형태 또한 사회·문화적인 영향을 받습니다. 특히 종교의 영향은 지대합니다. 인간이 죽음을 피할 수 없다는 사실이 확인된 이후 죽음 이후의 세상에 대한 여러 생각과 상상이 발휘되면서 죽음의 세계는 실로 엄청난 규모의 세계로 커졌는데, 그 거대한 세계의 지배권은 종교가 장악하고 있습니다. 이에 따라 무덤도 종교의 영향을 강하게 받았습니다.

유럽에서 볼 수 있는 교회 내 묘지가 그 좋은 사례입니다. 중세에 그리스도교가 유럽에 뿌리를 내리면서 교회는 죽은 다음의 영원한 내세를 주장하며 교회 내에 묘지를 조성했습니다. 그 묘지는 그 교구에 속한 사람이 죽은 다음에 들어갈 수 있는 곳이었죠. 그래서 사람들은 죽은 다음에 영원한 내세를 누리기 위해서 살아 있을 때 교회에 열심히 출석하고 교회의 가르침에 따라 살아야 했죠.

종교가 죽음(무덤)을 통해 삶을 통제한 것입니다. 무덤에 십자가를 세우는 것도 한편으로는 죽은 뒤에 영원한 세계로 인도하겠다는 약속의 징표이며, 다른 한편으로는 그 십자가로 상징되는 가르침에 따라야 한다는 것을 알리는 경고이기도 했습니다.

이밖에 무덤을 둘러싼 흥미로운 이야깃거리 가운데 하나가 무덤 속 부장품을 훔치는 도굴입니다. 왕릉이나 귀족과 같은 권력자의 무덤은 예부터 도굴의 주요 대상이었습니다. 죽은 다음에도 삶이 지속한다고 여기고 다음 세상에 필요한 재물도 함께 묻었기 때문이죠.

권세가 높은 사람일수록 무덤에 많은 재물이 묻혔을 테니 도굴을 하려면 과거의 역사를 잘 알아야 했습니다. 그래서 도굴꾼은 역사학자 못지않은 역사 지식을 가진 사람이 많았습니다.

실제로 삼국지에 등장하는 조조는 막대한 전쟁 비용을 마련하기 위해 도굴을 전문으로 하는 관청을 따로 운영하기도 했습니다. 그래서인지 최근에 발견된 조조 무덤은 평분, 그러니까 위쪽에 둥글고 봉긋한 봉분이 없는 무덤이었죠. 눈에 띄는 봉분을 만들면 자기가 그랬듯이 반드시 누군가가 도굴할 것이라 예상했기 때문일 겁니다. 조조의 무덤을 도굴꾼들이 그냥 지나칠 리 없을 테니까요.

오늘날 대표적인 무덤 형태 가운데 하나는 납골당(봉안당)입니다. 종교의 시대가 지나고 돈이 신이 된 자본주의 시대에 걸맞게 납골당은 가르침에 따르는 게 아니라 돈을 내야 입주할 수 있습니다. 또한 흥미롭게도 마을 곳곳에 집이 퍼져 있던 과거에는 우리나라의 무덤이 산 곳곳에 따로따로 존재했다면, 다수가 아파트에 거주(한국인은 60%가 아파트에 거주합니다)하는 오늘날 죽은 자의 집도 아파트를 닮은 납골당이 대세가 되었습니다. 이렇듯 죽음은 삶을 닮아 갑니다.

2

죽음 이후에 일어나는 일들

: 죽은 자의 경우

앞 장에서 살펴보았듯이 누군가 죽었을 때 장례를 치르고 무덤이든 납골당이든 시신을 안치하고 나면, 산 자의 역할은 평생에 걸쳐 행해지는 애도를 제외하고 대부분 마무리됩니다. 49재나 명절 때의 차례, 1년에 한 차례 기일에 지내는 제사 등과 같은 의례만 남을 뿐입니다. 그렇다면 죽은 자는 어떤 일들을 마주하게 될까요?

　우리가 죽었다고 가정해 봅시다. 죽은 뒤에 무슨 일이 일어날까요? 우선 영혼은 없으며 물리적인 죽음 이후에 아무 일도 일어나지 않고, 그대로 육체와 정신이 정지해서 소멸하고 만다는 과학의 관점대로라면 장례를 마치고 난 뒤에 모든 것이 사라지고 아무런 일도 일어나지 않게 되겠지요. 그리고 최근 과학의 발전과 더불어 이 관점을 따르는 사람들이 조금씩 늘어나고 있는 듯이 보입니다.

　그러나 여전히 사람들 대다수는 죽음 이후 다른 세상이 있다고 믿거나 그렇게 믿고 싶어 합니다. 심지어 목숨을 걸 정도로 깊이 믿는 사람도 제법 많이 있습니다. 그리고 우리가 현재 누리고 있는 문화에도 죽은 이후의 세상을 토대로 하거나 전제로 해서 형성된 것이 많습니다. 문화의 토대가 되는 종교는 물론이고 대중의 많은 사랑을 받는 영화나 웹툰 같은 이야기의 주요 소재 가운데 하나가 전생이나 윤회처럼 죽음 이후의 삶과 관련된 것들이죠. 찬찬히 주변을 돌아보면 예상외로 죽음의 그림자가 우리 생활에 짙고 넓게 드리워져 있다는 것을 알 수 있습니다.

죽은 뒤에도 여전히 살아 있을 때처럼 의식을 지니고 있다고 상상해 보면 죽음 이후 여러 갈래의 길(또는 사후세계에 대한 여러 관점)이 우리 앞에 놓여 있음을 깨닫게 될 것입니다.

따라서 인류가 높이 쌓아 올린 문화에 대한 이해를 높이기 위해서나 아니면 단순한 흥미만을 위해서라도 죽은 자의 뒤를 따라 죽은 이후의 세계, 즉 저승이라고 불리는 곳을 탐험해 보는 것은 충분히 의미가 있는 일이 되지 않을까요? 이제부터는 저승이 있다는 가정 아래 저승 여행을 떠나 봅시다.

저승을 다녀온 당 태종

저승이라는 말은 '저쪽에 있는 세계'라는 뜻에서 유래했습니다. 살아 있는 우리는 이쪽 세계, 즉 이승에 살고 있죠. 죽음은 여행처럼 떠나는 것이기에 이쪽이 아닌 저쪽에 존재합니다. 언제부터인지는 모르지만, 인류는 죽은 자가 이승에서 살 수는 없으니 사람이 죽으면 여행을 가듯 이승을 떠난다고 생각했던 거지요.

죽는 것은 이렇듯 대체로 '떠나다'라는 동사로 표현됩니다. 죽음을 가리키는 말인 서거와 별세, 타계, 소천 등에는 모두 떠난다는 의미가 포함되어 있습니다. 명성이 높은 인물의 죽음을 가리키는 서거逝去는 말 그대로 죽어서 '가다'라는 뜻이며, 윗사람의 죽음을 가리키는 별세別世나 타계他界에는 다른 세상으로 '향하다'라는 의미가 담겼고, 그리스도교에서 많이 쓰는 소천召天에는 부름을 받고 '돌아가다'라는 뜻이 담겨 있습니다.

사람들은 죽은 이후 향하는 저승 세계에 대해 아주 궁금해했습니다. 게다가 한번 가면 돌아오지 않는 사람과 장소에 대한 상상이 더해지면 그 이야기는 과장되고 흥미진진해지기 마련이죠. 그래서인지 인류는 예부터 저승 여행을 소재로 한 이야기를 많이 주고받았습니다.

이제부터 살펴볼 낯선 저승에 친숙해지기 위해 먼저 중국의 저승을 잠깐 살펴보려고 합니다. 이 저승은 동아시아에서 최고의 판타지 문학으로 인정을 받는 『서유기』 속 저승입니다. 그리고 그 주인공은 전쟁을 일으켜 고구려를 침략했다가 안시성에서 안시성 성주 양만춘이 쏜 화살을 맞고 한쪽 눈을 잃은 당의 두 번째 황제인 태종(이세민)입니다. 당 태종이 저승으로 가게 된 원인은 엉뚱하게도 경하라는 물을 다스리는 용왕의 질투심 때문입니다.

깊은 물속 용궁에 사는 경하 용왕은 평소에 지상으로 첩자를 보내 땅 위에서 일어나는 일을 살폈습니다. 그런데 하루는 충격적인 소식을 듣게 됩니다. 어느 점쟁이가 어부들에게 어디에 그물을 던지면 물고기를 많이 잡을 수 있는지 알려 주는데 족집게처럼 잘 맞춘다는 이야기였죠. 안 그래도 근래 자기 권속인 물고기가 왜 이렇게 많이 잡혀 가는지 궁금했던 경하 용왕은 크게 화를 내며 선비의 모습으로 변장하고 점쟁이를 찾아갑니다. 그리고 다음 날 비가 얼마나 내릴지를 두고 내기를 하자고 제안합니다. 비를 내리는 것은 본래 용왕이 관장하는 일이니 점쟁이가 예언한 것과 다르게만 하면 내기에서 이길 것이 분명했지요. 점쟁이는 빙긋이 웃으며 선비로 변장한 용왕의 제안을 순순히 받아들입니다. 둘은 내기에서 이긴 쪽이 진 쪽의 뺨을 때리기로 합의하죠.

그런데 내기에서 이겼다고 생각하고 의기양양하게 용궁으로 돌아온 경하 용왕에게 하늘에서 사자가 내려와 점쟁이가 말한 것과 똑같은 시간에 똑같은 양의 비를 내리라고 명령합니다. 경하 용왕은 내기에서 절대로 질 수 없다고 생각하고 시간과 양을 조금 다르게 해서 비를 내리게 했습니다. 그리고 내기한 대로 뺨을 때리기 위해 으스대며 점쟁이를 찾아가지요. 그런데 점쟁이는 웃으며 당신이 변장한 용왕이라는 것을 알고 있으며 하늘의 명령을 어긴 탓에 곧 목이 잘릴 것이라고 말합니다. 이에 깜짝 놀란 경하 용왕이 곧바로 무릎을 꿇고 고개를 조아린 채 살아날 방법을 묻습니다. 그러자 점쟁이는 당 태종의 신하 가운데 위징이라는 인물을 조심하라고 알려 줍니다.

경하 용왕은 그날 밤 당 태종의 꿈에 나타나 위징이 자기를 죽이러 오지 못하게 붙잡아 달라고 부탁했고 당 태종은 선선히 그러겠다고 약속했습니다. 용왕과 황제는 한 지역을 지배하는 권력자라는 공통점 때문에 뜻이 잘 통한 것이죠. 다음 날 당 태종은 회의가 끝난 뒤에 집으로 가려는 위징에게 바둑을 두자며 붙잡았습니다. 한참 바둑을 두던 위징은 졸기 시작했고, 당 태종은 피곤한 모양이라고 여기고 그대로 두었죠. 위징이 잠에서 깨자 당 태종은 전날 밤 꾼 꿈에 관해 이야기했습니다. 그러자 위징이 깜짝 놀라며 자신이 꿈에서 경하 용왕의 머리를 자르고 왔다고 알립니다. 그러고서 얼마 후 목이 잘린 채 죽어 저승으로 끌려간 경하 용왕은 억울하다며 약속을 어긴 당 태종을 고발했고, 이에 당 태종은 저승으로 끌려가게 됩니다. 당 태종은 저승에서 여러 일을 겪었는데 그 자세한 이야기는 여기서는 생략하기로 하겠습니다.

어쨌든 태종은 저승에서 무사히 돌아왔습니다. 하지만 그는 저승에서 전쟁을 일으킨 자기 때문에 죽은 많은 사람을 보고 참회하게 됩니다. 그리고 그들의 원한을 풀어 주기 위해 대규모로 불교의 수륙재(물과 육지를 떠도는 온갖 영혼을 위로하는 의례입니다)를 열지요. 저승 여행이 삶의 새로운 깨달음을 얻게 해 준 계기가 된 것입니다. 그리고 이 수륙재를 계기로 더 큰 깨달음을 위해 인도에 가서 불경을 가져오기로 해 삼장법사와 손오공 일행이 서쪽으로 가게 됩니다. 이제 우리도 저승을 향해 가볼까요?

저승은 어디에 있을까?

죽은 자는 어떻게 저승으로 갈까요? 오늘날이라면 편안하게 비행기를 타고 가거나 해리 포터 시리즈에서 보듯 기차를 타고 갈 수도 있겠지요. 그러나 이런 문명의 혜택이 없었던 때에도 사람이 죽었고 저승으로 가야 했습니다. 저승이 강이나 바다 건너라면 배를 타고 갔고, 하늘에 있으면 큰 새의 날개를 빌려 타고 갔으며, 시베리아 샤먼은 북을 타고 가기도 했습니다. 또 저승은 먼 곳에 있기에 저승 여행을 위한 노잣돈도 필요했습니다. 그리스처럼 저승이 강 건너에 있으며 강을 건너게 해 주는 뱃사공에게 뱃삯을 내야 하는 곳도 있습니다. 죽은 사람의 이빨 사이나 눈 위에 동전을 두는 관습이 생겨난 것은 이 때문입니다.

　　이렇게 저승으로 가는 방법은 저승의 지리 환경, 즉 저승이 강 너머에 있는지 땅속에 있는지 등에 따라 달라집니다. 조선의 사육신 가운데 하나인 성삼문은 형장으로 끌려가면서 시 하나를 남겼습니다. "목숨 재촉하는 북소리 둥둥 울리는데, 고개 돌려 바라보니 해 지려 하는구나. 저승에는 주막집 하나 없다 하니, 오늘 밤은 뉘네 집에서 묵을꼬." 이 시를 보면 조선 시대의 유학자들은 걸어서 저승에 간다고 생각했던 듯합니다. 그리고 저승이 단번에 갈 수 있는 곳이 아니라고 생각했다는 것도 알 수 있습니다. 적어도 하룻밤은 묵어야 갈 수 있는 꽤 먼 곳이었지요. 예전에 상여가 나갈 때 부르던 여러 상엿소리를 들어보면, 저승길이 구만리에 이르고 너무나 멀어서 한번 가면 못 돌아온다는 구절이 나옵니다. 한편으로 '문만 열면 북망산천'이라는 구절도 나오는 걸 보면 한국 문화에서는 저승의 위치나 거리를 단정할 수 없습니다. 그건 다른 문화권에서도 크게 다르지 않습니다.

문화의 관점에서 보면 저승의 지리는 살아 있는 사람들의 상상력을 토대로 정해집니다. 울창한 숲과 산으로 에워싸인 곳에서 살아가는 사람과 바닷가에서 살아가는 사람이 상상하는 저승의 위치나 이미지는 다를 수밖에 없습니다. 어느 특정한 문화의 특징과 성격은 그 문화를 키워 낸 지리적 환경에서 벗어날 수 없기 때문이죠. 예를 들면 농경사회였던 한반도에서 태양은 작물을 키워 내는 선한 존재지만, 견디기 힘든 뜨거운 열기를 뿜어내는 중동에서는 악한 존재로 묘사됩니다. 이렇게 문화의 내용은 그 문화를 누리는 사람들의 지리와 생활에 뿌리를 두고 있습니다.

오늘날 우리가 저승이라는 말에서 떠올리는 이미지는 대체로 종교가 강력한 영향을 끼치게 된 이후, 종교에서 정한 죽음과 관련한 문화적 상징이 널리 파급되면서 생긴 것들입니다. 그래서 우리가 떠올리는 저승의 이미지를 비롯해 그 위치나 거리는 대부분 기존의 고유한 문화와 거대 종교의 관념이 결합해서 만들어진 것들이지요. 여러 문화권의 저승에 관한 이미지가 서로 비슷하면서도 서로 다른 것은 이 때문입니다.

최고신이 저승의 신 오시리스인 이집트와 같은 특별한 몇몇 지역을 제외하면, 죽은 자의 세상인 저승은 대체로 황량하고 어둡고 빈한한 이미지로 알려져 있습니다. 심지어 어떤 문화권에서 저승은 춥

기까지 합니다. 추운 저승은 북유럽과 같은 곳에서 지리적 환경이 반영된 것이지만, 한편으로 생명의 온기를 잃은 죽은 자의 세상이라는 점에서는 추운 게 당연해 보이기도 합니다. 계절로 치면 무채색의 겨울과 같아서 낙엽과 해골 같은 나무줄기만 있을 뿐이죠.『서유기』에서 당 태종이 증인으로 저승의 재판에 출석했다가 저승의 왕인 시왕에게 선물을 주겠다며 원하는 것을 묻자, 시왕이 저승에 호박이 없으니 호박을 달라는 대목이 나옵니다. 저승은 호박 하나 없는 빈한한 곳이라는 얘기죠.

그렇다면 우리나라의 저승은 대체 어디에 있을까요? 우리나라의 대표적인 신화인 바리공주 신화에는 불치병에 걸린 부모의 병을 고칠 약을 구하기 위해 서쪽에 있는 서천서역국(저승)으로 가기 위해 "까막까치가 인도하는 대로 약수 삼천리를 가시더라"라는 대목이 나옵니다. 그러니까 우리의 저승은 서쪽에 있고 무려 삼천리(환산하면 1178km가 넘지요)를 걸어가야 나온다는 뜻입니다. 물론 삼천리는 굉장히 멀다는 의미를 담아 상징적으로 쓴 말이겠지요. 아마도 한반도를 비유해서 쓰는 '삼천리 금수강산'에서 유래하지 않았을까 합니다.

이렇게 우리의 저승은 멀리 떨어져 있습니다. 그런데 그걸로 끝이 아닙니다. 저승길 마지막에 최후의 관문이 남아 있거든요. 바리공주 신화에 따르면 모든 것이 가라앉고 마는 무서운 강이 앞길을 막습니다. 바리공주는 도중에 얻은 지팡이로 무지개다리를 만들어 무사히 강을 건너갑니다. 바리공주는 이 경험을 토대로 훗날 죽은 자를 강 건너에 있는 저승으로 보내는 역할을 자청해서 맡습니다.

불교에서도 저승이 강 너머에 있다고 생각합니다. 그래서 강을 건너갈 때 반야용선이라고 부르는 배를 타고 갑니다. 용의 모습을 본떠서 만든 반야용선은 극락정토로 향할 때 타고 가는 상상의 배입니다. 그러니까 불교 신자가 죽음을 맞이했을 때 반야용선이 앞에 나타난다면 아름답고 행복한 극락으로 간다고 확신해도 좋을 것입니다. 실제로 불교가 흥성했던 고려 시대에는 죽음을 앞두고 반야용선이 나타나기를 간절히 바라던 사람들이 많았습니다.

이렇게 저승이 물 건너에 있다는 생각은 죽은 자를 좋은 곳으로 보내기 위해 치르는 망자천도굿에서도 만나볼 수 있습니다. 망자천도굿이 막판에 이르면 죽은 자의 영혼을 저승으로 보내는 굿거리가 진행되는데 이때 이승과 저승 사이에 물이 있다고 생각하고 다리를 건너는 모습을 재현하기도 합니다. 일례로 예부터 서울에서 행해지던 새남굿에서는 '베째' 또는 '베가르기'라고 부르는 굿거리가 있는데, 물을 상징하는 긴 베를 준비해서 양쪽에서 팽팽하게 잡아당기고 무당이 그 베를 찢으면서 앞으로 가는 장면을 연출합니다. 즉 물을 건너가는 모습을 상징적으로 보여주는 거지요. 이와 다르게 전라도의 망자천도굿인 씻김굿이나 거제와 통영 등 남해안과 동해안에서 하는 오구굿에서는 대나무 가지로 모양을 만들고 종이꽃으로 화려하게 장식한 용선을 활용하기도 합니다.

서양 문명의 출발지인 그리스에서도 저승인 하데스로 들어가기 위해서는 강을 건너야 한다고 생각했습니다. 심지어 하나가 아니라 여러 개의 강을 건너야 하지요. 특히 레테라고 부르는 망각의 강을 건너면 이전 삶의 기억을 모두 잊게 된다고 합니다. 강은 배를 타고 건너야 하는데 카론이라는 이름을 가진 뱃사공이 배를 태워 건네줍니다. 물론 이승이나 저승 모두 공짜가 없는 법이라 뱃삯을 내야 하죠. 조금 다른 방법도 있습니다. 그리스 신화에 술의 신인 디오니소스가 불에 타 죽은 어머니 세멜레를 만나러 하데스로 가는 장면이 나오는데, 특이하게도 디오니소스는 깊은 호수 바닥에 있는 통로를 통해 저승으로 향합니다. 물론 여기서도 저승과 이승 사이에 물이 있다는 생각에는 변함이 없습니다.

이렇게 우리나라와 그리스의 저승이 모두 물 건너에 있는 것은 두 나라 모두 삼면이 바다인 반도 국가라는 지리적 특성이 작용한 결과일 수도 있습니다. 이와 달리 지리적인 환경에 따라서 강이나 바다 건너가 아닌 다른 곳에 저승이 있다고 믿는 문화권도 있습니다. 북유럽 신화에서는 가장 낮고 차가운 곳에 저승인 헬헤임이 있다고 전하고 인도나 일본처럼 지하에 저승이 존재한다고 믿는 지역도 많습니다.

또 그리스도교에서는 천국과 지옥이 확연히 지리적으로 구분되어 있습니다. 미켈란젤로의 〈최후의 심판〉이라는 그림에서 알 수 있듯이 구원을 받은 자는 천국으로 올라가고 그렇지 못한 자는 지옥으로 떨어집니다. 이는 저승이 하나가 아니라 천국과 지옥 둘로 나뉘어 있는 형태지요(천국과 지옥에 관해서는 뒤에서 자세히 살펴보겠습니다).

저승이 어디에 있는지도 중요하지만, 핵심은 저승과 이승이 서로 다른 곳에 있는 공간이라는 관념입니다. 저승과 이승 사이에는 경계가 있어서 쉽게 넘나들 수 없거나 아예 분리되어서 오갈 수 없는 곳이라는 인식이 핵심이라는 것이지요. 이를테면 이승과 저승 사이에 있는 깊은 물은 이승과 저승이 서로 격리되어 있음을 드러내는 상징입니다. 가까운 일본 신화에서는 높고 거대한 바위가 이승과 저승을 구분하지요.

이는 장례와 마찬가지로 삶과 죽음이 무질서하게 섞이면 안 되고 확실하게 구분되어야 한다는 관념에서 나온 것이기도 합니다. 이 관념을 공간으로 구체화한 것이 바로 저승의 지리학이겠지요.

따라서 저승은 이승과 구분되는 공간이라는 것과 그 구분을 위해 깊은 물이나 높은 산과 같은 지형이 등장한다는 것, 그리고 그 경계는 구체적으로 특정할 수 없으며 상징적인 형태로 표현되어 있다고 정리할 수 있습니다. 저승길을 멀고도 힘든 삶의 마지막 여행이라고 여긴 점은 어느 문화에서나 동일합니다.

저승 여행에도 가이드가 필요하다

만약 제가 지금 당장 죽음과 마주해야 한다면 아마도 몸에 관한 걱정은 하지 않을 것입니다. 육체는 산 자에게 맡겨 두면 알아서 장례를 치를 테니까요. 그런데 육체와 구별되는 영혼이라는 것이 존재한다면 그 영혼이 어떻게 될지는 좀 신경이 쓰일 겁니다.

사실 지금 우리가 이야기를 나누고 있는 주제인 저승은 이미 영혼의 존재를 전제로 생겨난 관념입니다. 저승이라는 관념은 우리 인간이라는 존재가 육체와 영혼으로 이루어져 있고 죽은 뒤에 그 영혼이 어떻게 될 것인지에 대한 대답 가운데 하나로 나온 것이지요. 이렇게 영혼이 있고 저승도 있다면 죽은 이후 영혼이 가장 먼저 해야 할일은 무사히 저승으로 찾아가는 일이겠지요.

그럼 저승은 어떻게 찾아야 할까요? 저승을 가는 것은 해외처럼 먼 곳으로(저승은 훨씬 더 먼 곳입니다만) 떠나는 여행과 비슷하다고 생각할 수 있을 듯합니다. 여러분이라면 멀리 해외여행을 떠날 때 무슨 준비를 하시겠습니까? 아마도 여행 갈 곳의 정보를 찾아보고 비용이 얼마나 드는지, 어떻게 이동해야 하는지, 필요한 물건은 무엇인지, 숙박 예약을 어떻게 할지 등 챙겨야 할 것이 꽤 많을 것입니다.

여기에 성실하고 능숙한 여행 가이드가 있으면 많은 도움이 되지 않을까요? 사람들이 많이 찾는 유명 관광지라면 혼자서라도 여행을 갈 수 있으나 잘 알려지지 않는 곳, 또 생소하고 낯선 험지나 극지의 경우라면 더욱 노련한 안내자가 필요할 것입니다. 우리는 때로 가이드를 잘 만나면 두려움으로 시작한 여행이 최고의 여행이 된다는 것을 경험으로 잘 알고 있습니다.

저승으로 가는 여행은 처음 가 보는 곳이기도 하고 낯설고 위험해 보인다는 점에서 험지나 극지를 여행하는 것과 비슷합니다. 그래서인지 세계 곳곳에서 전해지는 신화에는 공통으로 저승 여행을 함께하는 가이드가 등장합니다.

한국이라면 바리공주가 가장 경험이 많고 뛰어난 안내자일 것입니다. 잘 알려진 것처럼 바리공주는 간절하게 아들을 바랐던 왕의 일곱 번째 공주로 태어나 버림받았습니다. 그러나 자식을 버린 벌로 왕과 왕비는 불치병에 걸리고 그 부모를 구하기 위해 바리공주가 약을 구하러 떠납니다. 그런데 그 약은 저승에 존재합니다. 바리공주는 요즘처럼 실시간 빠른 길을 안내해 주는 내비게이션은 물론이고 지도조차 변변히 없던 시절에 서쪽에 있다는 정보 하나만 가지고 무작정 저승인 서천서역국으로 향했고 마침내 약을 구해서 돌아와 부모를 살려 냅니다.

바리공주의 아버지인 오구대왕은 바리공주에게 왕의 자리나 많은 재물 등 원하는 것을 모두 주겠다고 제안합니다. 그러나 바리공주는 아버지의 제안을 뿌리치죠. 그리고 자기가 저승으로 가는 길에 죽은 사람들이 저승을 찾아가지 못하고 고통받는 것을 보았다며 그들을 안내하는 무당이 되겠다고 대답합니다. 이렇게 바리공주는 죽은 자를 저승으로 안내하는 무당들의 조상, 즉 무조巫祖가 됩니다. 바리공주 신화에서 알 수 있듯이 저승 여행 가이드가 되기 위해서는 저승에 다녀온 경험이 있어야 합니다. 요즘 직장에서 경력직을 우대하듯이 저승길을 안내하는 데도 역시 경험자가 유리할 테니까요.

한편 우리 문화에서 유래한 것은 아니지만, 우리는 저승에 다녀온 다른 경력직 가이드를 별로 어렵지 않게 만날 수 있습니다. 가까운 절을 찾아가면 됩니다. 절에는 여러 건물이 있고 건물마다 건물 주인을 알려 주는 간판(현판)이 있습니다. 절의 여러 건물 가운데 우리들의 주제인 죽음을 관장하는 공간은 '지장전地藏殿'이나 '명부전冥府殿'이라는 현판을 달고 있습니다. 지장전과 명부전의 주인은 지장보살입니다. 죽음을 맞이한 이들을 돕기 위해서, 부처가 될 능력을 갖추었으나 부처가 되지 않고 중생 곁에 남은 훌륭한 보살입니다.

가까운 절을 찾아 지장전이나 명부전으로 들어가면 중앙에 지장보살상이 있고 그 뒤에 커다란 그림(탱화라고 부릅니다)이 걸려 있는 걸 볼 수 있습니다. 지장보살 옆에는 그를 돕는 여러 존재가 함께 자리하고 있습니다. 저승에서 심판을 맡은 열 명의 왕인 시왕(十王. 우리에게 친숙한 염라대왕도 이 중 한 명입니다)을 비롯해 저승의 여러 관리가 지장보살의 일을 돕습니다.

지장보살 바로 옆자리에는 승려가 하나 있습니다. 도명존자라고 불리는 이 승려가 바로 유능한 저승 가이드입니다. 도명은 살아 있을 때 저승 관리들의 행정 착오로 저승에 다녀온 경험이 있습니다. 그는 이름이 같은 다른 사람 대신 저승에 갔다가 착오가 밝혀져서 이승으로 돌아와 살아난 적이 있습니다. 바리공주처럼 한 번 가면 돌아올 수 없는 저승에서 돌아온 도명은 이 경력으로 지장보살을 모시는 높은 자리에 오를 수 있었습니다.

물론 바리공주나 도명존자의 도움을 받지 못한다고 해서 저승으로 가지 못하는 것은 아닙니다. 죽은 자를 낯설고 먼(때로는 가까운) 저승으로 안전하게 데려가기 위해 저승사자라고 부르는 존재들이 찾아오기 때문이지요. 흔히 저승사자라는 말은 공포의 대상이라는 의미를 지닌 관용어로 쓰입니다. 그러나 실제로 저승사자는 죽은 자를 저승으로 안내하는 현장 직원과 같은 존재입니다. '저승사자'라는 명칭은 '저승'과 '사자'가 합쳐진 말로, 여기서 사자使者는 명령이나 부탁을 받고 일을 하는 사람을 가리킵니다. 이들은 사람이 정해진 삶을 다 마치고 죽으면, 그 영혼을 정해진 절차에 따라 저승으로 안내하고 그곳에서 새로운 삶을 살 수 있도록 도와주는 역할을 합니다. 요즘 말로 하자면 일종의 저승 공무원인 셈이죠.

그런데 저승사자가 무서운 존재라는 관념이 생긴 것은 그들이 결코 맞이하고 싶지 않은 죽음을 알리는 역할을 한다는 점과 저승의 척박하고 황량한 이미지와 맞물린 창백하고 무표정한 그들의 모습 때문이 아닐까 합니다. 이런 이미지는 과거에 사람들을 TV 앞으로 불러 모은 유명한 드라마인 〈전설의 고향〉에서 나온 모습에 깊이 영향을 받은 듯합니다.

저승사자라고 하면 어떤 모습이 떠오르는지요? 이 물음에 답은 세대에 따라 달라지는 듯합니다. 40대 이상의 세대에서는 조선 시대 사람처럼 갓을 쓰고 도포를 입은 근엄하고 무서운 존재를 떠올리는 사람이 많습니다. 〈전설의 고향〉에서 나온 모습이 그런 것이었죠. 그러나 30대 이하 젊은 세대는 헤어스타일도 제각각이고 옷도 비교적 자유롭게 입으며 이승에 사는 살아 있는 사람들처럼 성격도 제각각인 존재를 떠올리는 경우가 많습니다. 굳이 나눈다면 40대 이상의 세대는 〈전설의 고향〉 세대이고, 젊은 세대는 〈신과 함께〉 세대라서 그런 게 아닐까 생각해 봅니다. 이렇게 저승사자에 대한 상상력도 시대의 변화를 따라간다는 점이 흥미롭지 않은가요?

잠깐 눈을 돌려서 외국의 저승사자도 몇몇 만나보겠습니다. 죽은 자가 저승에 갈 수 있게 도와주는 책인『사자의 서』라는 경전을 편찬할 정도로 집착에 가까울 만큼 죽음에 관심을 가졌던 이집트에서 저승사자의 역할을 맡은 것은 아누비스라는 신입니다. 아누비스라는 이름은 낯설지도 모르지만, 아누비스는 이집트 문화를 소개할 때 빠지지 않고 등장하는 신이기 때문에 검은색 개과 동물의 머리를 한 그의 모습을 어디선가 본 적이 있을 것입니다.

아누비스가 저승사자의 역할을 맡은 것은 그의 발이 개나 자칼처럼 매우 빠르기 때문입니다. 죽은 자의 영혼을 빠르게 저승으로 옮겨야 하니까 발이 빨라야 한다는 생각이 반영된 형상일 것입니다. 한편으로 과거 고기를 찾아 묘지 주변을 배회하던 개나 자칼이 죽은 자를 지켜 주는 것으로 착각한 것에서 아누비스가 개과 동물의 머리를 하게 되었다는 주장도 있습니다.

세계의 저승사자 가운데 가장 무시무시한 공포를 주는 것은 그림 리퍼Grim Reaper가 아닐까 생각합니다. 예리한 큰 낫을 들고 두건을 쓴 해골 얼굴을 한 그림 리퍼는 존재 그 자체로 공포를 느끼게 합니다. 그림 리퍼가 들고 있는 낫은 생명을 베어 내는(빼앗는) 것을 상징합니다. 14세기 유럽에서 페스트가 번져 많게는 전체 인구 3분의 1에 해당하는 사람들이 목숨을 잃었을 때, 가을에 곡식을 추수하듯 목숨을 한꺼번에 거두어 가는 그림 리퍼의 공포스러운 이미지가 만들어진 것으로 알려져 있습니다. 따라서 그림 리퍼는 공무원 역할을 하는 한국의 저승사자와 달리 삶을 빼앗는 존재라는 이미지가 강합니다. 굳이 공무원에 비유하면 민중을 수탈하는 탐관오리쯤 되겠네요.

인간이라면 누구도 죽음을 피할 수 없습니다. 이 사실을 순순히 인정하고 받아들인다면 그 죽음을 알리는 존재에게 두려움이나 공포를 느낄 이유는 없겠지요. 이렇게 보면 저승사자는 우울하고 황량한 곳에 살면서 힘들게 일하는데 자기 역할 때문에 공포와 기피 대상이 된다는 점에서 꽤나 억울하겠다는 생각이 듭니다. 게다가 인구가 늘어난 만큼 죽음의 숫자도 증가했으니, 이들은 과거보다 훨씬 과중한 업무에 시달리고 있겠지요. 따라서 저승사자와 그들이 알리는 죽음에 대해 조금 너그러운 태도를 가지면 좋지 않을까 생각해 봅니다.

한편 우리나라 문화에서는 죽은 자가 저승으로 갈 때 동행하며 적극적으로 도움을 주는 존재도 있습니다. 이들은 꼭두라고 불리는 매우 흥미로운 존재입니다. 이들은 작은 인형처럼 생겼으며, 주로 죽은 자의 관을 담아 운반하는 상여에 장식되어 있었습니다. 최근에는 장례에 상여를 쓰지 않게 되면서 거의 사라졌으나 과거 상여에는 꼭두가 동행하며 죽은 자를 도와주었습니다.

꼭두는 하나가 아니라 여럿입니다. 죽은 자가 저승으로 향할 때 길을 안내해 주는 꼭두, 저승길에서 만날 수 있는 사악한 존재로부터 보호해 주는 꼭두(무기를 들고 있습니다), 죽은 자가 편히 저승으로 갈 수 있도록 시중을 들어 주는 꼭두(시녀 복장을 한 경우가 많습니다), 긴 저승길이 지루하지 않도록 춤을 추는 꼭두 등 다양한 역할을 가진 꼭두가 있거든요. 꼭두와 함께라면 멀고 힘든 길이라도 조금은 안심이 되고 지루함을 덜 수 있지 않을까 생각해 봅니다. 저승길도 그렇고 뭐든 함께하면 쉬워지는 법이니까요.

저승에 가면 심판을 받는다

저승사자가 되었든 꼭두가 되었든, 가이드의 도움을 받아 저승으로 가서 무사히 전입신고를 마치고 나면 심판이라는 과정을 거쳐야 합니다. 이 심판은 그리스도교에서처럼 영원한 내세의 삶을 결정하는 것이 되기도 하고 불교에서처럼 이승에서의 삶에 대해 보상이나 대가를 치른 다음 다시 태어나는 과정의 하나가 되기도 합니다. 즉 심판도 죽은 자가 속한 문화권이나 신념 체계에 따라 달라진다는 뜻입니다.

오늘날이라면 AI를 비롯한 여러 기술을 활용해서 공항의 검색대를 닮은 자동판독기 같은 것을 만들어 그 앞을 지나가기만 해도 영혼에 알알이 박혀 있는 선한 일과 악한 일의 경험을 자동으로 판별해 등급을 매길 수도 있겠다는 생각이 듭니다. 그러나 죽음 이후의 심판이라는 개념이 생겨 난 때는 모든 것을 일일이 수작업으로 해야 하던 시기였습니다. 즉 저승의 심판관이 영혼을 하나하나 심문하고 그 내용을 검증하는 일반적인 과정을 거쳐서 죄를 분류하고 처분을 결정했지요. 아마 그때는 인구가 적어서 죽는 사람도 그만큼 적었기 때문에 이런 수작업이 가능했을 것입니다. 그래서 지금보다 죽음의 무게도 훨씬 묵직했습니다.

이렇게 죽은 자를 심판하기 위해 각 문화권에는 저승에서의 심판을 맡은 관리들이 존재했습니다. 죽음의 심판은 되돌릴 수 없는 최후의 심판이라 그 무엇보다 공정해야 했습니다. 따라서 심판관도 공평무사하고 유능해야 했으며 심판을 맡을 만한 권위를 인정받을 수 있는 경험이나 배경을 갖추어야 했습니다. 여러 문화권의 저승 심판 관들을 만나보죠.

저승 심판 가운데 대중적으로 가장 친숙한 것을 꼽는다면, 단연 이집트의 심판이 아닐까 합니다. 선명한 색깔로 그려진 벽화 그림으로 심판 모습이 생생하게 남아 있고, 영화나 다큐멘터리 같은 미디어를 통해 자주 접했기 때문입니다. 특히 저울 위에 각각 죽은 자의 심장과 새의 깃털을 올려놓고 그 무게를 재는 장면은 매우 유명하고 인상적이죠.

잠깐 함께 그 심판 장면으로 가까이 다가가서 살펴볼까요? 고대 이집트에서는 사람이 죽으면 가장 먼저 장례의 신 아누비스의 손에 이끌려 저승으로 가게 됩니다. 심판이 이루어지는 저승의 공간, 그 가장 높은 곳에는 이집트의 최고신이자 저승의 왕인 오시리스가 앉아 있습니다. 그리고 그 둘레에서는 따오기 머리를 한 지혜의 신으로서 기록을 맡은 토트와 매의 머리를 한 감독관 호루스가 죽은 자를 기다립니다. 바로 이곳에서, 이 신들 앞에서 죽은 자의 내세의 운명이 최종적으로 결정됩니다.

본격적으로 심판이 행해지기 전에 죽은 자는 먼저 심판관 앞에서 그리스도교의 십계명을 연상시키는 42가지 도덕률에 속하는 죄를 범하지 않았음을 고해야 합니다. 몇 가지 예를 들면 아래와 같습니다.

"나는 나쁜 일을 하지 않았다. 나는 폭력을 휘두르지 않았다… 나는 공물을 적게 내지 않았다. 나는 맹세코 신을 가볍게 여기지 않았다."

『이집트 사자의 서』에 그려진 저승 심판의 모습. 가운데에서 저울은 재고 있는 것이 죽은 자를 인도하는 신인 아누비스입니다. 심장에 담긴 죄의 무게를 저울로 재서 깃털보다 무겁게 나오면 벌을 받게 됩니다.

이렇게 '나는'이라는 주어 뒤에 '~을 하지 않았다'라는 형태로 죄가 되는 행위를 조목조목 들어서 자기가 범하지 않았다고 고백해야 합니다. 이 고백의 과정이 끝나면 그 유명한 운명의 저울이 등장합니다. 잘 알려진 것처럼 저울 한쪽에는 매우 가벼운 새의 깃털을 올리고 다른 한쪽에는 죽은 자의 심장을 올려서 그 심장에 담긴 죄의 무게를 잽니다. 만약 가벼운 깃털과 심장에 담긴 죄의 무게가 같다면 토트가 죽은 자에게 다시 심장을 몸속에 넣으라고 지시합니다. 심장이 새의 깃털과 무게가 같다는 것은 죄가 없음을 뜻합니다. 심장을 몸속에 넣으면 다시 생명을 얻어 사후세계에서 새롭게 태어날 수 있습니다.

만약 죽은 자의 심장에 담긴 죄의 무게가 새의 깃털보다 무겁다면, 저울 앞에 앉아 있는 악어 머리에 사자 갈기와 하마의 다리를 가진 암무트가 심장을 먹어 치웁니다. 심장을 잃은 죽은 자는 사후세계로 가지 못하고 불완전한 상태로 이승을 떠돌아다니거나 돼지의 모습으로 다시 태어납니다.

그런데 이집트 사람들은 왜 하필이면 죄가 심장에 쌓인다고 생각했을까요? 인간의 여러 장기 가운데 심장으로 죄를 판단한 것은 심장이 몸의 중심이라고 생각했기 때문입니다. 우리의 감정과 생각을 통제하는 곳이 심장이며 그래서 사람의 영혼이 심장에 머문다고 믿었던 거죠. 이런 관념은 현재까지도 이어져 우리도 무의식적으로 마음이 심장 쪽에 있다고 생각하는 경향이 있습니다.

이집트와 그리 멀지 않은 그리스의 심판 모습도 이집트와 크게 다르지 않습니다. 그리스 신화에 표현된 바에 따르면 저승을 찾은 사람은 저승의 지배자이며 최고신 제우스의 형제인 하데스, 제우스와 대지의 여신 데메테르 사이에 태어나서 하데스의 아내가 된 페르세포네, 그리고 복수의 여신들을 만나거나 죽은 자를 심판하는 심판관인 미노스와 라다만티스, 아이아코스를 만나야 합니다.

그리스 신화에서 저승 심판을 담당하는 세 심판관은 모두 제우스의 아들입니다. 그중 미노스와 라다만티스는 형제로, 둘의 어머니는 오늘날 튀르키예에 속한 페니키아의 공주였는데 황소로 변한 제우스의 등에 올라탔다가 그리스의 크레타섬으로 납치됩니다. 에우로페Europe라는 그녀의 이름을 따서 유럽Europe이라는 지명이 지어졌다고 합니다. 미노스와 라다만티스는 어릴 때부터 아버지 제우스로부터 교육을 받았기 때문에 현명한 사람으로 인정받았고 죽은 뒤에 저승의 심판관 자리에 올랐습니다. 아이아코스는 제우스와 강의 신의 딸 사이에 태어났으며, 살아 있을 때 인간 가운데 가장 경건한 사람이라는 평가를 받았던 사람이었습니다.

이 세 심판관은 죽은 자의 영혼이 오면 생전의 행동을 바탕으로 그들이 머물 곳을 결정합니다. 정의롭고 올바른 삶을 산 이들은 엘리시온Elysium이라는 낙원의 들판으로 갑니다. 두 번째로 특별한 선행도 악행도 없이 평범한 삶을 산 영혼들은 하데스의 명계에 머뭅니다. 마지막으로 극악한 죄를 저지른 자들은 타르타로스Tartarus에서 영원한 형벌을 받지요.

그런데 그리스 신화에서는 살아 있는 사람이 저승을 방문하는 이야기가 여럿 들어 있습니다. 이들은 죽지 않았기 때문에 세 심판

관을 만나는 것이 아니라 저승의 신인 하데스와 대면하게 됩니다. 그리스의 대표적인 영웅인 테세우스는 저승에 갔다가 무심코 하데스가 내준 망각의 의자에 앉았다가 모든 기억을 잃었습니다. 훗날 헤라클레스가 강한 힘으로 테세우스를 의자에서 일으켜 세웠는데 엉덩이가 자기를 망각한 탓에 일부 살점이 의자에 남았고 그 이후 아테네의 왕이었던 테세우스의 후손인 아테네 남자들의 엉덩이가 작아졌다는 우스갯소리도 전해집니다.

또 수선화를 꺾다가 하데스에게 납치되었던 페르세포네 역시 무심코 하데스가 건넨 석류를 먹었다가 지상으로 돌아갈 수 없게 되어 하데스의 아내가 됩니다. 그래서 혹시라도 살아 있을 때 저승에 가게 되면 절대로 앉지도 먹지도 말라는 경고가 생기게 되었습니다.

인정 많은 심판관, 염라대왕

마지막으로 우리 문화권의 심판관을 만나 보죠. 한국 문화에서 대표적인 저승의 심판관은 불교에서 유래한 시왕입니다. 시왕은 불교 경전에 등장하는 10명의 저승 신으로 죽은 자의 죄를 다루는 역할을 맡고 있습니다. 10명에 이르는 시왕 가운데 대중에게 가장 친숙한 존재는 단연 염라대왕입니다. '염라대왕을 만나다'라는 관용구도 자주 쓰이죠. 사실 보통 사람들은 염라대왕을 제외한 아홉 명이 누구인지도 모르고 별반 관심도 없어 보입니다.

사실 염라대왕은 멀리 인도 출신입니다. '염라'라는 이름은 인도의 죽음 신인 야마를 한자로 표기한 것이지요. 인도의 야마는 검은 물소를 타고 밧줄로 만든 올가미나 곤봉을 들고 있거나, 지팡이와 칼과 같은 무기를 든 모습으로 묘사됩니다. 이 야마가 중국으로 이주해서 염라가 되었고 한반도로 들어와 대왕의 자리에 오른 것입니다.

　　염라대왕을 만나러 다시 사찰의 지장전이나 명부전으로 가 보죠. 앞에서 살펴본 것처럼 지장보살 옆에는 도명존자를 비롯해서 사람들의 마음속에 있는 악한 마음을 없애주는 무독귀왕, 그리고 열 명의 시왕이 좌우로 늘어서 있습니다. 시왕은 생김새가 비슷해서 얼굴만으로 누가 누구인지 구별하기 어렵습니다. 이럴 때는 그 인물의 특징을 드러내는 상징을 찾아야 합니다. 가령 그리스 신화에서는 삼지창을 들고 있으면 바다의 신 포세이돈이고, 아기(에로스)와 함께 있는 여신은 아름다움의 신 아프로디테입니다. 그럼 염라대왕을 찾으려면? 머리에 책을 얹고 있는 게 염라대왕입니다.

　　염라대왕이 머리에 이고 있는 책은 불교의 『금강경』입니다. 염라대왕은 단단한 금강저와 같은 부처의 지혜로 대중들의 어리석은 인식을 깨뜨린다는 이 책을 무척이나 좋아해서 아예 머리에 이고 다니죠. 또 앉거나 서 있는 위치로 찾을 수도 있는데 염라대왕은 다섯 번째 자리에 위치해 있습니다.

　　그런데 좀 이상하지 않습니까? 열 명에 이르는 시왕 가운데 가장 널리 알려진 염라대왕이 다섯 번째에 자리하고 있다니? 이에 대해 예부터 떠도는 이야기에 따르면 원래 첫 번째 자리, 즉 수좌였던 염라대

절의 명부전에 모셔진 시왕상. 중간에 책을 쓰고 있는 것이 가장 유명한 염라대왕입니다. 염라대왕을 포함한 열 명의 시왕들은 각기 다른 열 개의 지옥을 담당하며, 저승에 간 영혼은 총 열 번의 심판을 받아야 합니다.

왕이 인정이 많아서 죽은 자들을 관대하게 다루었고 그 때문에 여러 차례 좌천되어 지금의 다섯 번째 자리에 좌정하게 되었다고 합니다. 어쩌면 이런 관대함과 사람들에 대한 인정 때문에 다른 시왕과 달리 대중들로부터 널리 사랑을 받는 것인지도 모르겠습니다.

시왕은 각각 관장하는 지옥이 다른데 염라대왕은 혀를 뽑는 발설지옥을 관장하고 있습니다. 이 발설지옥은 주로 말로 죄를 지은 사람들이 가는 곳이지요. 윗사람에게 막말을 던지거나 이간질이나 거짓말을 한 사람, 비방이나 모욕을 통해 말로 다른 사람의 명예를 훼손한 사람들이 겪어야 하는 지옥입니다. 오늘날에는 말도 말이지만 인터넷에서 남을 비방하고 악플을 다는 사람이 아주 많아서 염라대왕이 격무에 시달리고 있겠다는 생각도 듭니다. 오늘날이라면 혀가 아니라 손가락을 뽑고 있는 건 아닐까 하는 엉뚱한 상상도 해 봅니다.

이승에 드리워진 저승의 그림자

그것이 어떤 형태이든 저승의 심판은 매우 중요합니다. 짧았거나 길었거나 상관없이 한 인생을 회고하며 정리하고 마무리하는 자리이기 때문이지요. 우리가 한 삶을 살아가면서 온전하게 선인이거나 온전하게 악인일 수는 없습니다. 우리 인간은 일반적으로 때때로 선하고 때때로 악한 존재이죠. 내 상태가 편하고 여유가 있으면 너그러워지고 내 상황이 쪼들리고 적대적이면 모질게 바뀌는 게 인지상정입니다. 내 상태가 어려워도 너그럽다면 정말 훌륭한 사람이겠지요. 홀로 살 수 없는 인간이기에 외부의 힘에 휘둘릴 수밖에 없고 그래서 자기 의지나 감정대로 살 수 없습니다. 그리고 애초에 선과 악의 경계가 시대와 사회마다 조금씩 달라진다는 점도 간과할 수 없습니다.

이러한 인간의 조건과는 별개로 저승의 심판이라는 생각은 사람들을 가능한 한 선한(그 사회가 속한 가치 기준에 따라) 쪽으로 이끄는 역할을 합니다. 사람들이 죽은 이후 심판을 통해 얻을 수 있는 보상을 기대하며 되도록 선하게 행동하려 할 테니까 말이지요. 이는 인류가 오랫동안 높은 수준의 윤리와 도덕을 유지하고 평화를 누릴 수 있었던 이유 가운데 하나입니다.

이렇게 보면 죽음이 삶 이후에 오는 것이지만, 실제로는 죽음이 삶을 지배해 왔다고 말할 수도 있겠습니다.

3

산 자가 죽은 자를
구할 수 있는가

고대 그리스에서 가장 뛰어난 음악가로 첫손가락에 꼽히는 인물은 단연 오르페우스입니다. 음악의 신 아폴론의 아들인 그가 온 마음을 다해 악기를 연주하면 무생물인 돌이나 바위까지도 슬픔과 감동으로 눈물을 흘리거나 기뻐할 정도였다고 전해집니다. 그의 음악 솜씨와 관련해서 내려오는 전설 중 하나가 노래를 부르는 괴물인 세이렌에 관한 이야기입니다.

세이렌은 바닷가에 살면서 배가 지나가면 노래를 불러서 선원들을 유혹해 잡아먹는 매우 '문화적인' 괴물입니다. 한번 세이렌의 노래를 듣게 되면 죽을 때까지 들어야 하고 심지어 죽어서도(해골이 되어서도 세이렌이 있는 곳으로 귀를 기울이고) 듣게 된다고 합니다. 그런데 그 달콤하고 무서운 노래를 듣고도 살아남은 사람이 둘 있습니다.

한 명은 트로이 전쟁의 영웅으로 알려진 오디세우스입니다. 그는 세이렌이 사는 바다를 지날 때 부하들에게 자기의 몸을 돛에 단단히 묶으라고 시키고서 무슨 일이 있어도 절대로 풀어 주지 말라고 엄하게 명령을 내립니다. 그런 다음 부하들에게 귀를 밀랍으로 꽁꽁 막으라고 일렀죠. 오디세우스 일행을 태운 배가 지나가자 세이렌은 평소처럼 선원들을 유혹하기 위해 노래를 부르기 시작합니다. 그 노래를 들은 오디세우스는 부하들을 향해 고래고래 소리를 지르며 자기를 풀어 달라고 발광하기도 하고 간절한 표정으로 빌기도 했습니다. 그러나 부하들은 첫 명령을 충실히 따랐고, 덕분에 오디세우스는 살아남을 수 있었죠.

오디세우스 말고 세이렌의 노래를 이겨 낸 인물이 한 명 더 있습니다. 바로 이번 이야기의 주인공인 오르페우스입니다. 오르페우스는 세이렌이 사는 바다를 지날 때, 별일 아니라는 듯이 악기를 꺼내 연주했습니다. 덕분에 그는 물론 배에 탄 다른 사람들까지 모두 무사했습니다. 배 위의 사람들이 세이렌의 노래가 귀에 들어오지 않을 만큼 오르페우스의 연주에 푹 빠졌기 때문이지요. 그의 연주가 악마와도 같은 세이렌의 노래를 압도할 만큼 대단했던 겁니다.

세이렌의 노래는 절대로 벗어날 수 없는 구속력을 가진 음악을 의미합니다. 그래서인지 세이렌의 머리를 로고로 쓰는 스타벅스의 커피를 우리는 오늘도 홀린 듯 마시고 있습니다. 또한 '세이렌의 노래'라는 표현은 '알 수 없는 것'이라는 의미로도 활용됩니다. 이미 죽은 오디세우스 외에 들은 사람이 없어서 그런 의미를 띠게 된 것이죠. 누군가 "그것은 세이렌의 노래와 같다"라고 한다면 그것이 무엇인지 알수 없다는 뜻이라고 이해하세요.

이 비유를 활용하면 죽은 자들이 가는 저승은 세이렌의 노래가 됩니다. 죽었다가 다시 살아난 사람이 없다는 점에서 그렇습니다. 저승은 세이렌의 노래처럼 알 수 없는 곳입니다. 그런데 신화나 옛이야기에는 세이렌의 노래를 듣고도 살아남은 오디세우스처럼 살아 있는 상태로 저승에 다녀온 인물들의 이야기가 종종 나옵니다. 죽음을 조롱하고 죽음의 신 하데스를 조롱한 시시포스(7장 참조)가 그렇고, 이제부터 본격적으로 만날 오르페우스도 그렇습니다.

아내를 되살리기 위해 저승으로 간 오르페우스

오르페우스가 저승에 간 이유는 사랑하는 아내 때문입니다. 오르페우스의 아내는 물의 요정 에우리디케입니다. 어느 날 에우리디케에게 한눈에 반한 어느 목동이 그녀에게 말이라도 걸어 볼 요량으로 가까이 다가왔습니다. 에우리디케가 결혼한 유부녀라는 사실은 알 턱이 없었지요. 낯선 남자가 다가오는 것에 놀란 에우리디케는 황급하게 도망치다가 풀숲에서 편히 쉬고 있던 독뱀을 밟았습니다. 화가 나서 그랬는지 놀라서 그랬는지 독뱀은 에우리디케의 발을 물었고, 그녀는 그렇게 허무하게 죽고 말았습니다.

누구 하나 잘못이 없는 참으로 어처구니없는 불행한 죽음이었습니다. 아내를 깊이 사랑한 오르페우스에게는 더 끔찍한 일이 없을 정도로 참담하고 절망스러운 일이었죠. 한동안 깊은 절망에 빠져 있던 오르페우스는 충격을 극복하고 하데스가 다스리는 저승으로 가서 아내를 데려와야겠다고 결심합니다. 그렇게 그는 달랑 악기 하나만 들고 저승으로 향하게 됩니다.

오르페우스는 자기의 앞길을 막는 모든 것을 음악으로 물리쳤습니다. 저승의 입구를 지키는 괴물 개인 케르베로스(원래는 머리가 50개인데 그림으로 그리기에 불편해서 3개가 되었습니다)조차 오르페우스의 연주를 듣고 뒤로 물러섰습니다. 그렇게 그는 살아 있는 채로 저승을 지배하는 신인 하데스 앞에 다다랐습니다.

오르페우스는 아무 말도 하지 않고 곧바로 죽은 아내를 향한 슬픔과 자신이 느끼는 절망이 절절하게 담긴 음악을 펼쳐 냈죠. 물론 하데스는 꿈쩍도 하지 않았습니다. 그는 죽은 자는 저승에서, 산 자는 이승에서 사는 것이 당연한 일이고 그 사연이 어떠하든 한번 죽은 자는 이승으로 돌아갈 수 없는 저승의 규칙을 굳게 지켜 온 냉정한 신이었습니다.

하데스는 죽은 자의 세계를 찾아와 이미 죽은 자를 살려 내라는 터무니없는 요구를 하는 귀찮은 존재를 단칼에 쫓아내려고 했습니다. 그런데 동의를 구하려고 주변을 둘러보다가 흠칫 놀라게 됩니다. 옆자리에 있던 아내 페르세포네와 다른 쪽에 있는 복수의 여신들이 울고 있었기 때문입니다. 페르세포네가 오르페우스의 음악에 눈물을 흘리는 것은 어쩌면 당연한 일입니다. 페르세포네는 살아 있는 채로 하데스에게 납치되어 저승의 여왕이 되었기에 삶과 죽음에서 유래하는 인간의 감정을 잘 알고 있었으니까요. 그런데 냉혹한 복수의 여신들마저 눈물을 흘리는 것을 보고 하데스는 오르페우스를 그대로 쫓아

낼 수 없다는 걸 깨달았습니다. 지금도 그렇지만 예부터 여인들의 눈물은 많은 것을 바꾸어 놓습니다.

하데스는 어려운 수학 문제를 앞에 둔 사람처럼 머리를 싸매고 이 문제를 어떻게 해결해야 할지 고민했습니다. 그러다가 아주 간단한 해법을 찾아냈죠.

이 해법이 무엇인지 알아보기 전에 죽음과 관련된 신과 인간의 차이를 잠깐 살펴보겠습니다. 그리스 신화의 세계에서 신과 인간의 결정적인 차이를 찾는다면 그건 바로 죽음입니다. 그리스의 신들은 그 감정이나 행동거지가 인간과 크게 다르지 않습니다. 인간에게 과시하듯이 살인과 강간을 비롯한 온갖 범죄를 저지르기도 합니다. 심지어 신들은 분노와 질투, 기쁨과 즐거움 등 인간적인 감정까지도 여과 없이 그대로 드러냅니다. 블라인드 테스트를 한다면 누가 인간인지 누가 신인지 알기 어려울 정도이지요.

그런데 인간과 신 사이에는 결정적으로 다른 점이 하나 있습니다. 그건 바로 죽음입니다. 신은 죽지 않는 불멸의 존재이고 사람은 언젠가 죽어야 하는 필멸의 존재라는 점입니다. 이 죽음의 차이가 신과 인간의 모든 차이를 만들어 내는 결정적인 요소입니다. 인간은 언젠가 죽을 수밖에 없다는 절대적 진리를 앞두고 있기에 '이 순간'이라는 현재를 각별하게 여깁니다. 그렇지만 죽지 않는 신은 굳이 죽음을 이해할 필요도 없고 상실의 고통이나 슬픔에 공감할 수 있는 경험도 없으며 그것에 공감할 까닭도 느끼지 못합니다.

현재의 유한함을 인식하는 데서 우리가 '인간적'이라고 부르는 모든 것이 유래했습니다. 사랑이나 용서 같은 대표적인 인간적 감정은 우리 인간이 언젠가 죽음과 마주하게 된다는 사실을 알기 때문에 생겨난 것입니다. 죽음을 알기에 깊은 원망이나 갈등을 내려놓고 용서할 수 있고 심지어 원수까지 사랑할 수 있게 되는 것입니다.

자기의 삶에서 다시 돌아오지 않는 '이 순간'에 대한 인식은 죽지 않고 영원히 사는 신들이 절대 가질 수 없는 인간만이 지닌 고유성이고 전적으로 인간적인 힘입니다. 이는 인간을 성장시키는 가장 강력한 힘이면서도 한편으로 인간을 몰락하게 만드는 가장 취약한 부분이기도 하지요.

하데스는 이 가장 취약한 인간적인 힘에 주목해서 해법을 내놓았습니다. 에우리디케를 돌려주겠다고 말하며 조건 하나를 내세운 것이죠. 그 조건은 어두운 지하를 지나 밝은 지상으로 나갈 때까지 절대로 뒤를 돌아보아서는 안 된다는 것이었습니다. 이는 오늘날 공포영화의 주요 공식 가운데 하나이기도 한데, 공포영화를 보는 우리는 주인공이 결국 돌아볼 것을 알고 있습니다. 그 순간이 바로 공포를 유발하는 지점임을 잘 알고서 숨죽이고 영화를 지켜봅니다.

오르페우스가 조건을 받아들이자, 하데스는 그를 돌아서게 한 뒤 에우리디케의 손이라면서 오르페우스의 손에 어떤 손을 건네줬습니다. 오르페우스는 그 손을 잡고 지상으로 걸어가기 시작했습니다. 아마도 오르페우스가 하데스와 같은 신이었다면 백년이고 천년이고 밝은 지상이 나올 때까지 아무런 감정의 동요 없이 걸어갔을 겁니다. 신들은 죽지 않기에 '이 순간'이라는 현재에 대한 간절함이 없기 때문이지요(애초에 시간이라는 개념이 없기에 하루와 영원의 구별도 없고 시간이 흐르고 늙어 간다는 개념도 없습니다). 그러나 오르페우스는 채 백 년도 살지 못하는 인간이었고, 당장이라도 돌아서서 사랑하는 아내의 얼굴을 보고 싶은 간절함에 목말랐습니다.

오르페우스는 끝없이 이어지는 발걸음으로 뒤돌아보고 싶은 마음을 꾹꾹 누르고 굳게 다지며 걸어갔습니다. 그 어두운 길을 아주 오래 걸었으나 밝은 지상으로 나가는 출구는 쉽게 나타나지 않았습니다. 오르페우스는 참기 힘들 정도로 오랫동안 에우리디케의, 정확히는 하데스가 에우리디케의 것이라고 한 손을 꼭 잡고서 참고 또 참으며 돌아보지 않고 계속 걸었습니다. 얼마나 오래 걸었을까요? 저 먼 곳에서 밝은 빛이 비쳤습니다. 이에 안도감을 느낀 오르페우스는 자기도 모르게 뒤를 돌아보고 말았습니다. 그러자 얼굴이든 손이든 그 무엇 하나 확인하지 못한 그것은 허공으로 사라지고 말았죠.

오르페우스는 자기의 실수를 만회하기 위해 다시 하데스를 찾아갑니다. 그러나 인간이 한번 지나간 때로 되돌아갈 수 없는 것처럼 같은 방법은 더 통하지 않았습니다. 새로운 방법을 알지 못하는 오르페우스는 산 자와 죽은 자는 어울릴 수 없다는 진리를 새삼 확인하고 빈손으로 돌아올 수밖에 없었습니다. 이렇게 하데스는 매정하고 냉정한 신이라는 오명을 듣지 않으면서도 죽은 자를 돌려보내지 않을 수 있었지요.

오르페우스의 이 이야기에서 유래해 훗날 언젠가 죽음과 마주할 육체의 속박에서 벗어나 영혼을 통해 영원한 생명과 행복을 얻을 수 있다는 오르페우스교라는 종교가 탄생했습니다. 오르페우스교를 믿는 이들은 영생불사와 영원한 행복을 얻기 위해 엄격한 계율에 따른 의례를 거행했다고 전해집니다. 오르페우스 본인이 이 종교를 창시했다는 설도 있으나 확인할 방법은 없습니다. 오르페우스 신화는 죽은 자와 산 자는 함께할 수 없으며 죽은 자와 함께 하려면 본인도 죽을 수밖에 없다는 냉정한 진실을 재확인해 줄 뿐입니다.

죽은 자는 적대적인가 우호적인가?

죽음에 '만약'이라는 가정이 있을 리가 없겠으나 만약에 말입니다, 오르페우스가 에우리디케를 무사히 저승에서 구출해서 지상으로 돌아왔다고 하면 에우리디케는 죽었다가 살아난 사람일까요, 아니면 죽은 사람이 이승으로 온 것일까요? 그리고 이미 죽음을 경험한 사람과 함께 사는 것은 어떤 느낌일까요?

예부터 지금까지 인류는 이 문제, 즉 '죽은 자가 저승에서 이승으로 돌아오면 어떤 일이 일어나는가?'라는 주제를 끊임없이 다루어 왔습니다. 비근한 예로 할리우드에서는 종종 죽은 자의 귀환을 소재로 삼아 영화를 만듭니다. 그 영화들은 어떻게 진행되던가요? 대부분 대혼란이 일어나고 피가 튀고 몸이 부서지는 참극이 발생하지 않던가요? 죽은 자가 저승에서 돌아올 수 없다는 규칙을 어기면 큰 문제가 발생한다는 전통적인 인식이 반영된 겁니다. 공포영화는 이런 인식을 염두에 두고 죽은 자의 귀환이라는 주제를 선택한 것이지요.

오랜 인류의 역사에서 아주 기쁜 마음으로 흔쾌히 죽음을 받아들인 사례를 찾기란 쉽지 않습니다. 특정한 종교나 정치 이념이 장착된 것이 아니라면 기본적으로 죽음은 심각한 박탈이고 억울한 일이기 때문이죠. 죽음을 마주한 사람들의 태도를 보면 그 점을 분명히 알 수 있습니다. 역시 특정한 종교나 이념에 사로잡혀 있지 않다면 평소 가까웠던 사람의 죽음을 앞에 두고 춤추고 노래하며 진심으로 기뻐하는 문화는 지구 어디에도 없습니다.

따라서 죽은 자의 귀환은 심각한 박탈감과 억울함으로 마음이 꽉 찬 존재가 돌아오는 일이라고 할 수 있습니다. 그것은 살아 있는 사람들에게는 유쾌하거나 반가운 일일 수가 없지요. 살아 있는 사람도 소중한 걸 박탈당하고 가슴을 칠 정도로 억울한 일을 당하면 무섭고 끔찍한 일을 저지를 가능성이 큰데, 생명이라는 가장 소중한 것을 빼앗긴 죽은 자라면 더욱 그렇지 않을까요? 게다가 죽은 자가 장례를 마친 이후 몸이 썩었거나 사라졌다면 상황은 더욱 심각해집니다.

죽은 자가 돌아오는 일을 소재로 만들어진 공포영화는 바로 이 점을 전제로 만들어집니다. 구체적으로 말하면 죽은 자가 몸을 잃고 정신만 남은 유령이나 정신을 잃고 썩은 몸만 남은 좀비가 되어 산 자의 세계에 나타나는 거죠. 갑자기 지하철이나 버스에 유령이나 좀비가 나타난다면 어떤 일이 벌어질까요? 이쯤 되면 비록 살아 있을 때 서로 깊이 사랑했던 가족이었다고 해도 죽은 자가 돌아온 것이 반갑지는 않을 겁니다. 얼마나 원통함과 억울함이 크기에 산 자의 세상으로 돌아왔을까 하고 걱정부터 들 겁니다.

그래서 기본적으로 죽은 자에 대한 산 자의 반응은 적대적일 수밖에 없습니다. 어쩌면 우리에게 찾아오는 죽음보다 더 몸서리치게 공포스러운 일일지도 모릅니다. 죽음은 반드시 찾아오는 것이기에 어쩔 수 없다는 인식이 있어 받아들일 각오가 조금은 되어 있지만, 죽은 자가 돌아오는 것은 전혀 상상 밖의 일이기 니까요.

앞서 보았듯이 장례에는 죽은 자가 산 자의 세계로 돌아오지 못하게 하려는 의도가 숨어 있습니다. 죽음을 공식적으로 확인하고, 죽은 자가 돌아오지 못하도록 꽁꽁 싸매어 땅에 묻거나 아예 불에 태우는 등 여러 방법으로 산 자의 세계에서 확실하게 격리하는 것이지요.

또 죽은 자를 저승으로 완전히 보내기 위해 정성을 다해 의례를 치르기도 합니다. 앞서 본 망자천도굿 같은 것이 그런 의례이지요. 여기에는 좋은 곳으로 보냈으니 돌아오지 말고 부디 그곳에서 잘 살기 바란다는 뜻이 담겨 있습니다. 국립묘지와 같은 특별한 공간을 만들고 죽은 사람을 위한 특별한 의식을 치르는 것도 비슷한 맥락에서 이해할 수 있습니다. 이는 국가를 위한 죽음이 헛된 것이 아님을 산 자에게 보여주기 위한 것이기도 합니다.

이런 의례에는 또 다른 목적이 하나 더 있습니다. 그것은 죽은 자가 산 자에게 우호적으로 굴길 바라는 것입니다. 죽은 자가 산 자의 도움으로 좋은 곳으로 가거나 국립묘지 같은 멋진 집을 얻게 된다면 만족감을 느끼고 산 자에게 우호적으로 대하지 않을까 하고 기대하는 거죠. 이리저리 살펴보아도 죽은 자를 대상으로 한 의례에는 죽은 자보다는 산 자를 위하는 마음이 더 크게 담겨 있는 것 같습니다.

산 자가 죽은 자를 기억하는 방법

이렇게 장례나 굿, 국가 의례 등 여러 의례를 통해서 죽은 자를 산 자의 세계에서 확실하게 격리하고 죽은 자가 산 자와 적대적인 상황에 놓이지 않을 것이 확실해지면 산 자는 비로소 안심하고 죽은 자를 기억하고 애도할 수 있게 됩니다.

기억과 애도는 산 자의 입장에서 피할 수 없는 과정입니다. 사람이 죽었다고 해서 그와 나눈 추억마저 싹둑 잘라 내거나 사회적인 죽음의 의미를 덮어 버릴 수는 없는 노릇이니까요. 그래서 인류는 죽은 자가 산 자의 세계로 일시적으로나마 돌아올 수 있는 공인된 출입구, 바로 축제나 제례祭禮를 만들었습니다. 이 출입구를 통한 죽은 자의 귀환은 공인되고 안전한 것이기에 딱히 공포를 유발하지 않습니다. 오히려 환영받지요.

축제와 제례는 지역의 지리적 환경이나 종교와 같은 신념 체계에 따라 따로 구분되기도 하고 둘이 섞인 형태로 나타나기도 합니다. 참고로 축제는 타인의 참여를 허용하는(어쩌면 환영하는) 개방성을 지니고 있으나 제사나 시제와 같은 제례는 일정한 자격을 갖추지 못하면 참석할 수 없는 폐쇄성을 지니고 있습니다. 먼저 몇몇 축제의 모습을 통해 죽은 자가 산 자의 세계로 어떻게 돌아오는지 살펴보죠.

아마도 죽은 자가 돌아오는 축제 가운데 세계적으로 가장 유명한 것은 할로윈 축제가 아닐까 합니다. 할로윈 축제 기간에는 죽은 자가 산 자의 세계로 돌아와 산 자와 어울릴 수 있습니다. 이는 달리 말하면 축제 때가 아닌 평소에는 절대로 산 자들의 세상으로 돌아오면 안 된다는 뜻이기도 합니다. 산 사람들은 축제를 통해 죽은 자에게 이런 사실을 알려 주는 것이기도 하지요.

죽음과 유령을 찬양하는 켈트족의 서우인Samhain 축제에서 유래한 할로윈 축제는 가톨릭에서 죽은 성인을 기리는 만성절 전날 밤인 10월 31일에 열립니다. 사람들은 이날 밤에 저승에 있는 죽은 영혼이 살아나 이승에 나타난다고 믿었습니다. 할로윈 축제 때는 사람들이 유령이나 괴물, 마녀 등의 복장을 하고 다닙니다. 최근에는 축제의 성격이 강해지면서 유명 인물로 분장하는 일도 많아졌습니다.

그런데 할로윈 축제 때 왜 분장을 하는 걸까요? 단순히 멋있거나 독특한 것을 좋아해서만이 아닙니다. 그것은 본질적으로 저승에서 돌아온 귀신에게 몸을 빼앗기지 않기 위함입니다. 귀신들은 산 자의 몸을 빼앗아서 저승으로 돌아가지 않고 이승에 남고 싶어 하는데 이때 다른 존재의 모습으로 변장해 자신을 숨기면 귀신으로부터 몸을 지킬 수 있다고 사람들은 믿었습니다. 그래서 내가 아닌 다른 사람으로 겉모습을 꾸미기 위해 분장을 하는 거지요.

멕시코에서는 만성절 전야인 10월 31일부터 11월 2일까지 3일에 걸쳐 디아 데 로스 무에르토스Día de Muerto, 즉 '죽은 자의 날'이라고 부르는 축제가 열립니다. 멕시코는 11월 2일을 공휴일로 지정

멕시코의 죽은 자의 날 축제는 죽은 자를 기억하기 위한 의례입니다. 제단을 꽃으로 장식하고 음식을 올리는 등 우리의 제사와 크게 다르지 않습니다. 죽은 자를 기억하는 건 어느 문화권에서나 중요했습니다.

하기도 했습니다. 이 죽은 자의 날은 과거 멕시코 지역에 존재했던 아스텍제국에서 죽음의 신과 그의 아내를 기린 풍습으로부터 유래했습니다. 이 풍습이 훗날 멕시코에 전해진 그리스도교와 결합해서 오늘날의 축제가 되었지요.

죽은 자의 날은 모든 죽은 자를 기억하겠다는 의미를 담은 축제입니다. 축제 기간에 사람들은 오프렌다라고 부르는 제단을 죽은 자를 상징하는 해골과 꽃으로 장식합니다. 이 축제와 관련해 흥미로운 사실 가운데 하나는 원래는 없던 해골 퍼레이드가 최근 새로 생겼다는 점입니다. 2016년부터 축제 기간에 해골 분장을 한 사람들이 줄지어 행진하는 해골 퍼레이드를 거행하고 있는데, 이는 전통에는 없던 행사입니다. 그런데 영화 〈007 스펙터〉(2015년)에서 극적인 장면을 위해 이 퍼레이드를 연출하자 이에 흥미를 느끼고 영화 속에 등장한 축제의 장면을 직접 보기를 원하는 관광객이 늘어났고, 아예 공식 행사가 되어 버린 것이죠. 요즘엔 해골 퍼레이드가 축제를 대표하는 얼굴이 되었습니다. 축제가 지닌 개방성을 잘 보여 주는 사례라 하겠습니다.

아프리카 마다가스카르섬의 파마디하나Famadihana는 티베트의 천장만큼이나 외부 사람에게 큰 충격을 준 축제입니다. 마다가스카르 사람들은 뼈가 완전히 사라지기 전까지는 죽은 자가 세상을 떠나지 않는다고 믿고 있습니다. 그래서 '죽은 자가 돌아온다'는 의미를 가진 파마디하나 축제를 개최해서 주기적으로 죽은 사람의 시신이나 유골을 꺼내서 포도주나 향수로 닦으며 그를 기억하고 추모합니다. 또 시신이나 유골을 앞에 두고 살아 있을 때처럼 담배나 음식을 권하기도 하고 오랜만에 만난 식구에게 하듯 그동안 있었던 이야기도 들려줍니다. 담배를 물고 있는 해골과 대화하는 장면은 상상만 해도 몸이 으스스 떨립니다.

이렇게 파마디하나 축제에서는 오랜만에 동창회에서 서로 모여서 먹고 마시면서 과거 학창 시절의 기억을 나누듯이 산 자와 죽은 자가 음식을 앞에 두고 한바탕 놀이를 벌인 다음에 해가 지기 전에 무덤으로 돌려보내는 방식으로 진행됩니다.

한편 산 자가 죽은 자를 기억하는 방법 가운데 우리에게 가장 친숙한 의례는 제사祭祀가 아닐까 합니다. 제사는 신령이나 죽은 자에게 음식을 바치고 정성을 기울이는 행위로, 예부터 일정한 신앙 체계를 갖춘 세계 전역에서 행해졌습니다.

일반적인 종교 행사도 넓은 의미에서 제사에 포함되며, 과거에는 국가에서 주도하기도 했습니다. 조선 왕실의 종묘 제례가 그 대표적인 예로, 이는 국가의 행사이자 왕 개인으로서는 조상인 선왕을 기리는 의례였습니다. 오늘날 종묘 제례와 같은 국가 주도 의례는 원래 속해 있던 신앙과 숭배의 영역에서 다소 이탈하여 문화유산의 하나로 보호받고 전승되고 있습니다. 종묘 제례와 종묘 제례악이 유네스코 세계유산으로 지정되기도 했지요.

이러한 공적 의례와 달리, 한국 문화에서 제사는 주로 혈연으로 이어진 공동체가 공통의 죽은 조상을 위해 음식을 준비하고 추모하며 기억하는 의례로 널리 행해져 왔습니다. 그렇지만 현재를 중요하게 여기는 가치관에 더해 자본주의와 결합한 개인주의 성향의 득세,

그리고 대가족에서 소규모 가족이나 1인 가구로 급변하는 가족제도의 변화가 복합적으로 작용하면서 제사를 지내는 인구 자체가 눈에 띄게 감소하고 있습니다. 또 제사를 지내더라도 과거와 달리 간소한 형태로 치르는 것이 일반적인 추세가 되었습니다.

누가 나의 조상이 되는가

제사는 내게 직접 피와 살을 전해 준 부모를 포함해 세상을 떠난 조상을 향한 추모와 기억의 표현입니다. 따라서 제사에 참여하기 위해서는 피로 이어진 혈연이라는 자격이 필요합니다. 그렇다면 혈연관계에 있는 죽은 사람은 모두 제사의 대상, 즉 조상이 되는 것일까요?

우리 문화에서는 죽은 자를 귀신이라고 부릅니다. 흔히 '귀신'이라고 합쳐서 부르지만, 귀신이라는 말을 이루고 있는 귀鬼와 신神은 엄연히 다릅니다. 아주 거칠게 구별하자면, 공식적인 장례와 제사의 대상이 되어 산 자가 기억하는 죽은 자는 '신'이 됩니다. 거의 모든 집에서 제사를 지내던 과거를 기준으로 하면 제삿밥을 얻어먹으면 신이 되는 셈입니다. 이들을 달리 '조상신'이라고 부릅니다.

이와 달리 공식적으로 죽음을 인정받지도 못하고 기억되지도 못하는(또는 외면당하는) 불행한 죽음을 맞은 사람은 '귀'가 됩니다. 외지에서 죽은 객귀, 호랑이에게 잡아먹힌 창귀, 원한을 가지고 죽은 원귀 등의 사례가 그렇습니다. 이외에도 전염병을 일으키는 역귀, 사악한 마귀나 악귀 등에서 보듯, 접미어 '-귀'가 붙은 존재들은 대부분 불길하고 해로운 존재들입니다.

이렇듯 귀와 신은 죽은 자를 뜻하는 귀신이라는 범주 내에서 함께 동거하고 있으나 실제로는 하늘과 땅만큼이나 차이가 나는 존재들입니다. 이들은 앞서 살펴본 적대와 우호라는 점에서도 큰 차이를 보입니다. 신은 일반적으로 산 자인 후손에게 우호적이고 귀는 적대적입니다. 신은 후손이 번성하고 풍요로워야 자기를 기억해 줄 사람이 많아지고 좋은 대접을 받을 수 있기에 우호적일 가능성이 높고, 귀는 이미 불행한 죽음을 맞이한 죽은 자이기에 적대적일 가능성이 크지요.

과학적으로 근거는 없으나 로또에 당첨된 사람들이 돼지꿈이 아니라 조상이 나오는 꿈을 가장 많이 꾸었다는 통계(로또 사업을 주관하는 업체에서 조사한 결과 1등 당첨자의 27%가 조상과 관련한 꿈을 꾸었다고 합니다)도 우호라는 면에서 흥미롭습니다. 이런 조상의 보이지 않는 지원을 우리 문화에서는 '음덕'이라 부르죠. 이렇게 따로 부르는 용어가 있다는 것은 조상신에 대한 믿음이 그만큼 우리 문화 속에 깊이 박혀 있다는 사실을 의미합니다.

조상신을 좀 더 깊이 들여다봅시다. 조상신은 크게 두 범위로 나눌 수 있습니다. 한민족의 시조라 일컬어지는 단군과 같은 넓은 의미의 조상신, 그리고 나와 직접 피로 연결된 비교적 가까운 조상신이 그 두 가지죠.

넓은 의미의 조상신은 우리에게 정체성이나 이념 등의 방향을 제시해 주는 역할을 하며 국가나 민족 등 거대한 이념과 관련이 있습니다. 그렇기에 애국심을 호소할 때 자주 등장하며, 그들 덕분에 우리가 이 땅에서 살 수 있게 되었다는 등의 부채 의식을 강조하며 기억과 추모를 넘어 생명까지 요구하기도 합니다(외국과의 전쟁이 일어나면 조상으로부터 물려받은 땅을 지키기 위해 목숨을 걸고 싸워야 한다고 말하는 게 그런 경우입니다). 이런 넓은 의미의 조상신을 숭배하는 일은 아주 오래전부터 행해졌습니다. 인류가 농경을 선택하고 많은 사람이 한곳에 모여 살게 되면서부터 생겨났을 것으로 추정됩니다.

이런 넓은 의미의 조상신은 말 그대로 넓은 의미로서 존재하기에 숭배 대상이 명확하지도 않고 때로는 의도적으로 만들어지기도 합니다. 그리스 신화에서 제우스는 수많은 도시국가의 조상신이기도 한데, 그 때문에 신화 속에서 엄청난 바람둥이가 되었습니다. 여러 도시국가가 자신들이 제우스의 후손임을 내세우기 위해 여성 조상을 억지로 제우스와 연애하게 만들면서 생겨난 일입니다. 이런 사례는 비단 제우스에 국한되지 않습니다. 조상 가운데 특별함을 강조해야 하는 인물, 예를 들어 건국의 시조가 되는 고대의 인물 가운데 적지 않은 수가 제우스와 같이 바람둥이로 그려지고 있습니다.

이와 달리 끈끈한 피로 이어져 있는 좁은 의미의 조상신은 구체적입니다. 족보나 가계 등을 통해 나와 어떻게 이어져 있는지 확인할 수도 있고, 조부나 증조부는 실제로 직접 만났을 수도 있으니까요. 오늘날 1인 가구가 크게 늘어난 상태지만, 과거라면 3대가 한 집에서 모여 사는 것이 흔했기에 지금보다 조상은 훨씬 친근한 존재였습니다.

기억과 추모의 어두운 그늘

조상을 나누는 또 하나의 기준으로 성별을 꼽을 수 있습니다. 그리고 조금만 들여다봐도 제사로 모시는 조상이 한쪽으로 심하게 편중되어 있음을 알 수 있습니다. 맞습니다. 우리가 기억하는 조상의 대부분은 남자입니다. 그것은 우리 사회가 오랫동안 가부장제와 같은 남성 중심 질서로 운영되었기 때문입니다. 우리 이름만 봐도 분명히 그 사실을 알 수 있습니다. 이름 맨 앞에 붙는 성은 남성 조상에게서만 물려받는다는 점을 생각해 보세요.

우리는 모두 남녀로 이루어진 부모 사이에서 태어나고 유전자도 부모에게서 모두 똑같이 물려받는데 성씨만은 아버지로부터만 물려받습니다. 법적으로는 부모의 성 가운데 하나를 선택해서 사용할 수 있으나 대부분 당연하다는 듯이 아버지의 성을 따르죠. 할아버지와 할머니도 그랬고, 그들의 할아버지와 할머니도 그랬으며, 그전에도 그랬습니다.

한번 생각해 보죠. 나를 기준으로 2대를 올라가면 성姓이 모두 4개가 됩니다. 할아버지, 할머니, 외할아버지, 외할머니가 각각 자기의 성을 갖고 있습니다. 여기서 1대를 더 올라가면 모두 8개가 되고, 거기서 더 올라가면 기하급수적으로 늘어납니다. 그런데 그 많은 성 가운데 오직 하나만 쓰는 거죠. 그것도 아버지와 할아버지, 증조할아버지로 이어지는 남자의 성 하나만을요. 물론 이렇게 정해 놓지 않으면 행정 처리 등이 심각하게 어렵고 복잡해질 거라는 건 잠시만 생각해도 짐작할 수 있습니다. 따라서 부계 또는 모계의 성만 쓰는 규칙이 현실적으로 필요했는데, 남성 중심 사회여서 부계의 성이 선택된 것이겠지요. 그러나 조상이 추모와 기억의 대상이라면 여기서 한 걸음 더 나아가야 하지 않을까 생각합니다. 추모와 기억이라는 행위에서 성별이 기준이 될 수는 없으니까요.

실제로 유전학에 따르면 세포 소기관인 미토콘드리아는 오직 모계를 통해서만 유전됩니다. 남성과 여성 모두 어머니로부터 미토콘드리아를 물려받지만, 남성은 자신의 미토콘드리아를 자식에게 물려줄 수 없습니다. 이 사실을 토대로 미토콘드리아 DNA를 역추적하면, 현생인류의 '공통 모계 조상'에 도달할 수 있습니다. 조사 결과 약 15~20만 년 전 아프리카에 살았던 것으로 추정되는 여성을 찾아냈습니다. 이 여성은 인류의 여성 조상이라는 점 때문에 '미토콘드리아 이브'라고 불립니다. 물론 그녀가 인류 최초의 여성 조상이었다는 뜻은 아닙니다. 당시 살았던 수많은 여성 중, 그녀의 후손만이 현재까지 끊어지지 않고 살아남았다는 의미입니다. 그래서 과학자들은 그녀를 '운 좋은 어머니'라고 부릅니다. 그녀의 후손이 살아남아 현재의 인류를 이루었다는 점에서 매우 운이 좋은 사람이죠.

흥미롭게도 이와 유사하게 부계만을 추적하는 단서도 존재합니다. 바로 아버지에게서 아들로만 유전되는 Y염색체입니다. Y염색체를 통해 추적한 현생인류의 가장 가까운 공통 부계 조상은 'Y염색체 아담'이라고 불립니다. 우리는 이처럼 과학을 통해 모계와 부계의 공통 조상을 모두 추적할 수 있습니다. 어느 쪽 성(姓)을 따르는 것이 더

합당한지를 떠나 이 사실이 우리에게 분명히 알려 주는 것은 결코 남자만이 우리의 조상은 아니라는 점입니다.

조상과 관련해서 논란이 끊이지 않는 사례도 있습니다. 바로 일본의 야스쿠니 신사 참배입니다. 동아시아 여러 국가에서 일본 정치가들의 야스쿠니 신사 참배를 불쾌하게 여기는 것은, 그곳에 제2차 세계대전을 일으킨 전범들이 합사되어 있기 때문입니다. 우리와 마찬가지로 일본에도 죽은 조상을 기리는 문화가 있습니다. 사람이 죽으면 신사에 모셔져 추모와 기억의 대상인 조상신이 됩니다. 동아시아를 참담한 불행과 참혹한 고통 속으로 몰아넣은 전범들도 마찬가지로 조상신으로서 신사(야스쿠니 신사)에서 기리고 있습니다. 이것까지는 이해할 수 있습니다. 일본 고유의 전통이니, 유쾌하지는 않더라도 주변 국가에서 간섭할 문제는 아닙니다.

그런데 총리대신을 비롯한 일본을 이끄는 지도자들이 주기적으로 야스쿠니 신사를 참배하는 것은 이야기가 다릅니다. 국가 차원의 공식적인 추모와 기억이기 때문에 문제가 되는 거죠. 동아시아의 수많은 사람을 객귀와 원귀로 만들어 놓고서도 당당하게 조상신이 된 것으로 모자라, 그들의 유지를 계승이라도 하겠다는 듯이 국가 지도자들이 참배까지 하는 것은 용납하기 힘든 일이기 때문입니다. 이는 죽은 자가 산 자들의 질서를 뒤흔드는 꼴이고 결코 일어나서는 안 되는 일입니다.

조상숭배, 권력 유지를 위한 조상의 활용

죽은 자가 별 분란 없이 산 자의 세계로 돌아오기 위해서는, 먼저 삶과 죽음이 충돌했을 때 발생할 수도 있는 위험으로부터 산 자의 안전이 보장되어야 하고, 그다음으로 죽은 자가 산 자의 세계로 돌아왔을 때 산 자가 이익을 얻을 수 있는 특별한 장치나 제도 또는 상상력이 전제되어야 합니다.

가령 우리가 평소에 농담으로 주고받는 것처럼 꿈에 조상이 나타나 로또 번호를 알려 준다면 죽은 자는 적대적이지 않고 매우 우호적인 존재라고 할 수 있겠지요. 실제로 그렇다면 우리는 꿈에서 조상을 만나기 위해 할 수 있는 일을 다 할 것입니다. 혹시 모를 도움을 바라며 조상의 무덤을 매일 찾거나 아침저녁으로 조상을 모신 사당에 문안 인사도 하지 않을까요? 실제로 조선 시대에는 부모가 세상을 떠나면 3년 동안(정확히는 만 25개월입니다) 시묘살이를 하고 그 후에도 자주 사당을 찾았습니다.

앞에서 죽은 자가 산 자의 세계로 돌아올 수 있는 특별한 행사인 축제와 의례를 살펴보았습니다. 이번에는 로또 번호를 알려 주는 조상처럼 산 자에게 이익이 되는 죽은 자에 대해 살펴보려고 합니다. 사실 죽은 자가 주는 이익은 서양에서 관용구로 쓰는 '죽은 자는 말이 없다'라는 말처럼 죽은 자와는 상관없이 오롯이 산 자를 위해 고안된 것입니다. 즉 죽은 자가 산 자에게 이용된다는 말이지요.

예부터 인류는 특별한 장치나 제도, 상상력을 통해서 특정한 이익을 얻으려고 했는데 그 대표적인 사례가 조상숭배입니다. 조상숭배는 산 자를 위해 죽은 자를 매우 우호적으로 활용한 의례이며 꼼꼼히 들여다보면 매우 가공할 힘을 지닌 이데올로기입니다.

조상숭배는 말 그대로 죽은 조상을 신처럼 숭배하는 것을 가리킵니다. 이는 이미 죽어 세상을 떠난 사람이 살아 있는 사람에게 좋은 일이든 나쁜 일이든 영향을 끼칠 수 있다는 믿음에서 비롯되었습니다. 만약 그렇지 않다면 굳이 죽은 자를 모시거나 숭배할 이유가 없겠지요.

그리고 조상에게서 유전자나 문화를 포함한 여러 유산을 물려받았기에 빚을 졌다는 부채 의식도 존재합니다. 조상에게 받은 걸 갚아야 한다는 생각이 충효와 같은 이념과 결합해 행동으로 나타나고 조상숭배도 이와 굳건하게 손을 맞잡고 있습니다. 그렇더라도 만난 적이 있어서 얼굴을 알거나 적어도 주변 사람들의 기억에 남아 있는 조상이어야 그런 마음이 들기 쉬울 겁니다. 그럼에도 사람들은 얼굴도 모르는 조상도 떠받들고 모십니다. 그렇게 오랜 세월 조상숭배가 이어져 온 것은 어떤 이유에서일까요?

잘 알려진 것처럼 현생인류인 호모 사피엔스는 '현명한 사람'이라는 뜻입니다. 이때 현명하다는 것은 정신적이든 물질적이든 이익이 되지 않는 일은 좀처럼 하지 않는다는 것을 의미합니다. 그런데 그런 인류가 왜 손해를 감수하고 조상신에게 제물을 바치거나, 불리한 갑을관계를 형성하는 충효와 같은 이념을 만들고 따른 걸까요? 조상숭배가 후손에게 어떤 이익을 주는지에 초점을 맞추면 비교적 정

출처: Wikimedia commons

왕조 시대에 조상숭배는 권력의 정당성을 얻기 위한 수단
이었습니다. 조선 시대에 오래전 죽은 역대 왕들을 제사 지
내는 공간인 종묘를 가장 중요한 장소로 여긴 이유가 여기
에 있습니다.

확하게 그 이유를 파악할 수 있습니다.

결론부터 말하면 예부터 조상숭배는 그것을 잘 이용하는 사람에게 막대한 이익을 안겨 주었습니다. 다만 죽은 자가 보이지 않는 것처럼 그 이익이 눈에 잘 띄지 않으며 숫자로 표현하기도 어렵기에 구체적으로 가늠하기 어려울 따름이죠.

조상을 숭배해서 얻을 수 있는 가장 큰 이익은 권력입니다. 권력은 현대 인류학에서 가장 중요하게 다루는 주제 가운데 하나입니다. 정치권력은 물론이고 일상을 포함한 다양한 영역에서 권력이 현대인의 삶에 큰 그림자를 드리우고 있기 때문입니다. 예를 들면 연인 사이의 폭력이나 가스라이팅과 같은 것에도 권력이 작용하고 있습니다. 그렇다면 조상숭배를 통해 얻을 수 있는 권력은 과연 무엇일까요?

수저론에 대해서는 다들 들어 보셨죠? 흙수저, 금수저, 다이아몬드 수저 같은 말이 무엇을 의미하나요? 바로 상속입니다. 어떤 조상을 두느냐에 따라 출발선이 다른 것이죠. 무형의 자산이든 유형의 자산이든 무엇인가를 상속받는다는 것 자체가 이미 권력의 문제입니다.

조선을 건국한 이성계는 왕이 되고 나서 가장 먼저 세 개의 건물을 세웠습니다. 토지의 신인 사社와 곡식의 신인 직稷을 섬기는 사직단, 조상을 모시는 왕실의 사당인 종묘, 그리고 자기가 살 공간인 경복궁이 그것입니다. 달리 말하면 신이 거주하는 공간, 조상이 거주하는 공간, 자기가 거주하는 공간이죠. 이 가운데 종묘는 왕가의 정통성, 왕위 계승의 정당성을 보장하는 공간입니다.

사극에서 종종 신하들이 왕에게 반대 의견을 개진하며 "전하, 종묘사직을 생각하소서"라고 아뢰는 모습이 나올 때가 있습니다. 이 말은 사실상 신과 조상이라는 정통성을 앞세워 왕을 위협하는 협박성 발언입니다. 위협적으로 번역해서 말하면 "네가 왕이 될 수 있었던 배경을 다시 생각해 봐라" 정도가 될 것입니다. 심한 욕설 가운데 "네가 그러고도 사람이냐?"나 "짐승 같은 놈"처럼 근본을 묻는 가장 본질적인 협박인 셈입니다.

이렇듯 권력의 측면에서 보면, 스스로 노력하고 애쓰지 않아도 권력을 유지하고 승계하기 가장 좋은 방법이 바로 조상숭배였습니다. 과거에 비해 약해졌다고 하지만, 오늘날에도 조상숭배의 권력적 효과는 여전히 유효합니다. 실제로 세습을 하는 재벌이나 북한의 사례에서 보듯 누군가의 후손이라고 인정받는 것은 권력을 획득하는 데 아주 유리한 명분이지요.

또 하나 조상숭배를 권력의 도구로 활용한 쪽은 대부분 남자들이었습니다. 앞에서 내용을 조금씩 내비친 것처럼, 후손이라고 인정받을 수 있는 것은 남자들이었고 상속도 주로 남자들 사이에서만 이루어졌습니다. 이름 앞에 붙는 성도 아버지의 것을 물려받듯이 말이지요. 이렇게 과거에는 남자를 우선시하는 여러 사상이나 생각이 다양한 형태로 퍼져 있었습니다. 이러한 사고는 한때 세계를 지배했던 백인우월주의, 유럽중심주의, 인간중심주의 등과 같이 편향적 성격을 품고 있습니다.

하지만 이런 편향적 사고방식이 차츰 약해지고 있는 것처럼 가부장제와 같은 조상숭배를 활용한 남자들의 권력 행사도 점점 약해지고 있는 듯 보입니다. 남성만이 집안의 대표가 될 수 있던 호주제가 폐지된 것은 그 흐름을 상징적으로 보여주지요. 또 조상숭배의 외면적 형태인 제사도 가족이나 친족 공동체 내에서 폐지하거나 과거보다 간소화하는 경향이 날로 뚜렷해지고 있습니다. 그러나 조상숭배는 인류의 긴 역사 동안 워낙 다양한 형태로 우리 사회와 문화 곳곳에 그 뿌리가 뻗어 나갔기에 쉽사리 사라지지 않고 여러 얼굴로 끊임없이 우리 마음의 문을 두드릴 것입니다.

4

모욕당하는 죽음

죽음은 인간에게 너무나 커다란 사건입니다. 그래서인지 죽음을 다룬 이야기는 산더미처럼 많고 별처럼 다양한 형태로 전해져 왔습니다. 또 죽음을 주제로 한 이야기이니만큼 아무래도 슬프고 절망적인 비극이 훨씬 많습니다.

신화의 고장으로 유명한 그리스 사람들은 영웅 이야기는 물론이고 비극적 운명을 지닌 존재의 이야기에도 열광했습니다. 그리스의 고전 문학을 깊이 파고든 니체는 첫 저술인 『비극의 탄생』에서 신화가 깊은 내용과 뛰어난 형식을 얻게 된 것은 비극을 통해서라고 말했습니다. 실제로 그리스 작가들은 신화를 소재로 한 많은 비극을 남겼고, 이를 통해 인간의 본질에 도달하기 위해 노력했습니다.

그들이 남긴 비극에서 가장 슬픈 운명을 겪어야 했던 인물을 꼽는다면 단연 안티고네 아닐까 생각합니다. 안티고네라는 이름이 낯선 분도 계실지 모르겠습니다. 그렇지만 오이디푸스는 다들 아시죠? 프로이트가 창시한 '오이디푸스 콤플렉스'라는 개념의 주인공인 그 오이디푸스 말입니다. 안티고네는 바로 그의 딸입니다. 안티고네의 처절한 인생 이야기는 그리스 최고의 비극 작가 소포클레스의 『안티고네』에 고스란히 담겨 있습니다.

안티고네의 이야기를 하려면 먼저 아버지 오이디푸스의 행적부터 더듬어 볼 필요가 있습니다. 잘 알려진 것처럼 오이디푸스는 아버지를 죽이고 어머니와 결혼할 것이라는 무시무시한 신탁을 받고 집을 떠납니다. 오이디푸스는 그리스의 도시국가 테베를 향해 여행하던 중 좁은 길에서 한 남자를 만나 서로 길을 비키라고 다투다 그를 죽이게 되지요. 그렇게 테베에 도착한 오이디푸스는 여자 얼굴에 사자 몸, 날개를 가진 괴물 스핑크스를 마주칩니다. 스핑크스는 테베로 가는 길목을 지키며 지나가는 사람들에게 수수께끼를 내고 틀리면 잡아먹던 테베의 골칫거리였습니다. 오이디푸스는 스핑크스가 낸 수수께끼를 맞히고 스핑크스를 물리칩니다. 테베의 영웅이 된 오이디푸스는 왕의 죽음으로 비어 있던 테베의 왕좌에 오르고 왕비를 아내로 맞이해 아들 둘과 딸 둘을 얻습니다. 그 딸 가운데 하나가 안티고네입니다.

오이디푸스는 꿈에서도 몰랐습니다. 여행 도중 자기가 죽인 사람이 친아버지이자 테베의 왕이었고 자기의 아내가 친어머니였다는 끔찍한 진실을. 사실 그는 아기 때 친부모에게 버려져서 양부모 아래에서 자란 거였는데, 신탁을 피해 도망치다가 결국 신탁대로 아버지를 죽이고 어머니와 결혼하게 된 것입니다. 결국 오이디푸스는 자신도 열 달 동안 지냈던 어머니의 배를 통해서 네 명의 아이를 얻습니다. 안티고네의 관점에서 보면 아버지 오이디푸스는 같은 어머니를 둔 오빠이기도 한 셈이지요.

오이디푸스는 나중에 자신이 아버지를 죽이고 어머니와 결혼한 비극적인 운명의 주인공임을 알게 되고 스스로 자기 눈을 뽑고 방랑을 떠납니다. 안티고네는 아버지이자 오빠인 오이디푸스가 죽을 때까지 그와 동행합니다.

죽은 자는 땅속으로 산자는 땅 위로

오이디푸스의 두 아들인 폴리네이케스와 에테오클레스는 오이디푸스가 내놓고 떠난 왕위를 서로 차지하겠다며 전쟁을 벌이다 서로를 죽였습니다. 왕위를 계승할 아들이 사라지자 안티고네의 외삼촌인 크레온이 테베의 왕이 되었지요. 왕이 된 크레온은 에테오클레스의 장례는 성대하게 치렀으나 외국의 군대를 끌어들여 테베를 침공한 폴리네이케스의 시신은 들판에 그대로 방치하면서 그 시신을 거두는 사람에게 엄벌을 내리겠다고 공포했습니다. 폴리네이케스를 국가의 반역자로 규정하고 그가 편안한 안식에 드는 것마저 허락하지 않았던 것입니다.

아버지가 죽은 뒤 테베로 돌아와 있던 안티고네는 폴리네이케스가 잘못을 저지른 것은 맞으나 그 죽음까지 모욕해서는 안 된다고 생각했습니다. 그래서 크레온의 명령을 어기고 시신 위에 흙을 뿌리며 애도했지요. 이 사실을 알게 된 크레온은 안티고네를 지하 동굴에 가두고 굶겨 죽이기 위해 먹을 것도 주지 않았습니다. 가혹한 운명에 시달린 안티고네는 자기에게 찾아온 죽음을 기꺼이 받아들이고 스스로 목숨을 끊었습니다.

한편 그 무렵 테베를 찾은 위대한 예언가인 테이레시아스는 크레온에게 테베를 흔드는 혼란을 끝내기 위해서는 "산 자는 땅 위로 죽은 자는 땅속으로" 보내야 한다는 조언을 건넵니다. 크레온은 그 의미를 깨닫고 안티고네를 풀어 주려고 했으나 이미 안티고네는 스스로 목숨을 끊은 뒤지요. 안티고네의 죽음을 알게 된 안티고네의 약혼자이자 크레온의 아들인 하이몬은 절망하며 스스로 목숨을 끊었습니다. 그리고 아들의 죽음에 대해 들은 하이몬의 어머니이며 크레온의 아내인 에우리디케도 슬픔을 이기지 못하고 스스로 목숨을 끊었습니다. 여기에 오이디푸스의 딸이며 안티고네의 여동생인 이스메네 역시 스스로 삶을 마감했습니다.

크레온이 폴리네이케스의 시신을 들판에 버려 두고 그 죽음을 모욕한 결과는 연이은 친족의 죽음과 그로 인한 가문의 몰락이었습니다. 크레온을 제외하고 나머지 식구들이 모두 죽고 만 것이죠. 그 이후 테베는 급속도로 몰락의 길로 접어들게 됩니다.

그렇다면 크레온은 왜 폴리네이케스의 장례를 치러 주지 않은 걸까요? 그때는 지금보다 죽은 자의 원한의 무게가 훨씬 무거웠던 시대였습니다. 그렇기에 장례를 치르지 못하게 하고 시신을 방치해 죽음을 모욕한 것은 외국의 군대를 끌어들였다는 이유만으로는 쉽게 설명되지 않는 가혹한 처사였습니다.

장 조제프 콩스탕의 <폴리네이케스를 애도하는 안티고네>. 안티고네는 크레온의 금지에도 불구하고 오빠 폴리네이케스의 장례를 치릅니다. 죽은 자를 애도하고 장례를 치르는 건 자연의 법칙처럼 여겨집니다. 이를 어기고 죽음을 모욕하는 권력자는 죽은 자와 산 자 모두에게 원한을 사 오래가지 못한다는 게 여러 차례 증명됐습니다.

크레온은 왕비의 형제라는 이유로 왕이 되었습니다. 다시 말해서 왕위를 이을 정통성이 부족한 왕이었죠. 정치가들이 자신의 입지를 탄탄히 하는 고전적인 전략 가운데 하나는 적을 또렷하게 설정하여 선명한 대립각을 세우는 것인데, 크레온은 이에 착안해 조국을 침공한 폴리네이케스와 자신을 대비시켜 자신의 정통성을 세우려 한 것으로 보입니다. 그러나 왕위의 정당성을 보장하기 위해 죽음의 모욕을 선택한 것은 큰 패착이었죠. 죽음의 공포를 이길 수 있는 것은 세상 어디에도 없고, 죽음은 전염력이 매우 강하니까요. 죽은 자는 땅속으로 들어가고(사라지고) 산 자는 땅 위에서 살아야 하는 게 세상의 변하지 않는 기본 이치입니다. 반역자라 할지라도 매장을 거부하는 건 이 이치를 거스르는 일입니다. 결국 그로 인해 크레온과 테베에는 재앙이 닥칩니다.

죽음을 극복하기 위해 인류가 발명한 것

폴리네이케스의 죽음이 지금 우리에게까지 알려진 것은 그의 죽음이 개인적인 불행을 넘어서 공동체가 몰락하는 계기가 되었기 때문입니다. 한 죽음이 여러 죽음을 초래했고 그 여러 죽음으로 테베라는 공동체가 몰락, 즉 죽음의 길로 나아가게 되었습니다. 개인의 죽음과 애도로 마무리될 수 있었던 사건이 공동체의 죽음이라는 큰 사건이 되어 신화라는 인류의 기억 장치에 수천 년 동안 남았습니다.

우리는 대부분 100년도 채 살지 못하고 죽음을 맞이합니다. 그러나 국가와 같은 공동체는 조금 다릅니다. 예를 들어 조선은 대한제국의 역사까지 포함하면 1392년에 개국해서 1910년까지 500년이 넘는 세월을 견디고 살아남았습니다. 정치체제가 아니라 한반도라는 지리를 기준으로 하면, 한민족의 국가는 단군 이래로 이른바 반만년의 역사를 자랑하며 여전히 생존해 있다고 할 수 있습니다(이에 대해 여러 이견이 있으나 여기서는 편의적으로 말했습니다).

공동체로 우리의 삶을 확대하면 개인의 상징적인 수명은 생물학적인 수명을 훨씬 뛰어넘을 수 있습니다. 앞에서 살펴본 오이디푸스나 폴리네이케스, 고조선을 세운 단군 등이 그들이 속한 공동체의 신화와 역사 속에서 수천 년 동안 살아 있는 것처럼 말이죠. 이들과 같은 불멸의 이름은 아니더라도, 누군가의 조상이 되면 족보에 기록되고 제사와 같은 의례나 집안 구성원의 기억 등을 통해서 생물학적인 죽음 이후에도 상징적인 의미에서 살아갈 수 있습니다. 숨이 멈추고 피가 더는 돌지 않는 생물학적 죽음을 맞이하더라도 자신이 속했던 공동체가 지속하는 한 비록 기억 속에서만이지만 오랜 시간 동안 더 생존할 수 있다는 뜻입니다.

인류를 포함한 모든 생물은 후손에게 자기의 흔적(유전자를 비롯한 여러 삶의 양식)을 남깁니다. 나는 죽어도 후손이 그 삶을 이어가는 식이지요. 지금이야 그렇게 집착하는 사람이 적지만, 불과 이삼십 년 전만 해도 이른바 '대를 잇기' 위해 수많은 사람이 무던히도 애를 썼던 것은 자기의 흔적이 영영 사라지는 것을 막고 싶다는 욕망과 강박 때문이 아니었을까요? 오늘날에도 아이를 원하지만 낳을 수 없을 때 자기와 생물학적으로 무관한 아이를 입양하기보다는 인공수정 등을 통해서 자신의 일부가 포함된 아이를 얻으려는 경우가 많은 것도 이런 생물학적 계승 또는 생존에 대한 욕망과 무관하지 않을 것입니다. 이쯤 되면 아이가 목적이 아니라 피(생물학적 나의 상징)로 이어지는 계보가 더 중요해 보이기까지 합니다.

인류는 언젠가부터 죽음을 깊이 인식할 수 있게 되었습니다. 10만 년 전의 것으로 추정되는 네안데르탈인의 무덤에서 꽃가루가 발견된 적이 있는데, 학자들은 그 시기에 인류가 죽은 자를 애도하며 꽃을 바친 것이 아닐까 하고 논의하기도 했습니다. 물론 꽃가루가 우연히 날아들어 왔을 가능성도 있겠지만요. 시기를 특정할 수는 없으나 다른 생물과는 달리 언젠가부터 인류에게는 죽음에 대한 깊은 인식과 이해가 생기기 시작했습니다(동물도 죽음을 인식한다고 하지만 인류처럼 체계적으로 애도하지는 않습니다).

아는 만큼 보이는 법이고 알기 때문에 공포를 느낍니다. 인류는 죽음을 깊이 이해하게 되면서 그와 비례해서 죽음에 대한 공포가 생겨나 점점 커졌지요. 그리고 삶을 향한 미련이 강할수록 죽음은 억울한 것이 됩니다. 특히 권력이든 재물이든 가진 것이 많은 사람일수록 이런 경향은 강해지기 마련입니다. 이 공포와 억울함을 해결하지 못하면 어떻게 될까요? 부정적인 생각과 정서가 삶에 짙은 그림자를 드리워 삶이 망가질 수 있습니다. 어떻게든 인류는 이 문제를 해결해야만 했습니다.

늦지도 죽지도 않을 수 있다면 죽음을 두려워할 필요가 없습니다. 중국의 신선사상으로 대표되는 불로장생술은 이런 아이디어를 바탕으로 하고 있습니다. 하지만 그건 현실에서 가능한 방법이 아니죠. 그래서 영원한 내세나 윤회처럼 일단 죽었다가 다시 삶을 이어가는 방식도 떠올렸습니다. 그렇지만 죽음 이후의 세계는 그 누구도 체험해 보지 못한 미지의 영역이기에 실제로 그게 가능한지는 확인할 수 없습니다. 그래서 인류는 현실에서 실제로 확인 가능한 방법 또는 장치를 고안해 냅니다.

그것이 바로 지금까지 이야기한 대로 역사나 신화와 같은 문화와 이야기를 통해 이름을 남기는 것입니다. 생물학적인 죽음을 상징적인 생존으로 극복하는 방식이지요. 공동체에 이름을 남기는 데 성공하면 오이디푸스나 단군처럼 수천 년이라는 거대한 시간 장벽을 가볍게 뛰어넘을 수 있습니다. 올림픽에 출전한 육상선수처럼 가볍게 소멸이라는 허들을 뛰어넘어 고대로부터 현대까지 달려오는 것이 가능해집니다. 이와 관련해 미국 인류학자 어니스트 베커는 문명이란 죽음에 대항하기 위해 인류가 만들어 낸 상징적 방어체계라는 의견을 내놓았습니다. 문명은 개인의 죽음 이후에도 지속해서 생존하니까요.

인류는 이 방법을 통해 지구의 다른 생물과 완전히 다른 존재가 되었습니다. 피할 수 없는 생물학적 죽음을 극복하기 위해 역사(시간)를 토대로 한 문명을 만들어 냈고, 그것이 인류의 고유한 특성을 형성해 인류를 최고 포식자의 자리에 올려놓았으며, 이제는 그것조차 넘어서서 인류라는 단일종이 지구를 지배하는 지구 역사상 초유의 지

질시대인 '인류세'(아직 공식적인 지질시대 단위로 인정되지는 않았습니다)
에 이르렀다고 정리할 수 있습니다.

죽음을 활용한 공포 마케팅

이제껏 이야기한 생물학적 죽음 이후의 상징적 생존은 자기가 속한
사회나 집단을 통해서 이루어집니다. 그럼 어떤 조건이 갖춰져야 나
의 상징적 생존 기간이 늘어나게 될까요? 여러 조건이 있겠지만 그
중 가장 기본은 상징적 생존의 토대가 되는 사회와 집단이 계속 유지
되는 것입니다. 만약 내가 속한 사회와 집단이 힘이 약해지거나 적
대하는 집단에 밀려서 소멸한다면, 나의 상징적 생존 역시 끝나고 말
테니까요(나라 잃은 망국의 설움은 기본적으로 여기에서 유래합니다. 나를
기억해 줄 후손을 잃게 되고 상징적 영생이 중단될 위기에 처하는 거지요).

바로 이 지점에서 애국심, 애사심, 가족주의 등 집단을 향한 애
정의 모든 형태가 의미 있게 등장합니다. 그리고 집단을 향한 애정
의 바탕에는 자기의 상징적 생존을 위해 사회와 집단이 소멸하지 않
도록 나 역시 어느 정도 희생할 수 있다는 각오가 자리 잡고 있습니
다. 국가 단위에서 애국심을 토대로 한 이러한 애정과 각오가 극단
으로 치달으면 국가가 개인보다 우선한다는 국가주의와 같은 이념이
나타나기도 합니다.

한편으로는 미디어를 통해 죽음이 모습을 드러내면 드러낼수록

집단이나 사회에 대한 애착이 강해지는 경향이 생깁니다. 미디어에서 죽음을 접하면서 저도 모르게 자기의 죽음이나 집단과 사회의 죽음까지 떠올리기 때문이지요. 2001년 9·11 테러 이후 미국 사회에서 애국심이 증가한 것이나, 코로나19 팬데믹 때 여러 나라에서 정부에 대한 신뢰와 지지가 커진 것이 그러한 예입니다.

내가 속한 집단의 생존이 가장 중요해지면서, 다른 집단이나 사회에 대한 배타적인 감정이 아울러 커지는 경향도 나타납니다. 예를 들어 죽음이 폭발적으로 늘어나는 전쟁이 발발하면 애국심이 폭주 기관차처럼 극단으로 치닫고 적에 대한 적개심은 하늘 높은 줄 모르고 최고조에 이릅니다. 강력해진 애국심은 국가 내부의 문제를 깡그리 덮고 지도자에게 힘을 몰아주고는 합니다. 이런 이유로 역사 속에서 인기가 떨어진 지도자들이 전쟁을 활용해 자기의 통치 기반을 강화해온 사례를 확인할 수 있습니다. 토머스 모어도 저서인 『유토피아』에서 지도자들이 통치 수단으로 전쟁이 일어날 듯 긴장감을 조성했다가 극적으로 해결하는 모습을 연출해서 인기를 얻는다고 지적했습니다.

지도자들이 집단이나 사회를 향한 우리의 애정을 권력 유지와 통치 수단으로 활용할 수 있는 것은 우리의 죽음이 볼모로 잡혀 있기 때문입니다. 그러나 정치 분야에서든 경제 분야에서든 정작 권력을 쥔 지도자들은 공동체에 대한 애정을 헌신짝처럼 쉽게 버리는 경향이 있습니다. 그 예로 경제적 이득을 위해서나 혹은 군대에 가지 않기 위해서 본인이나 그 자녀가 한국 국적을 포기하고 다른 나라의 국적을 택하는 경우를 종종 볼 수 있지요. 그들이 그렇게 하는 것은 애국심이 어디에서 유래한 것인지 잘 알고 있기 때문이기도 합니다.

그렇다면 내가 속한 공동체가 영속하기 위해 가장 필요한 것이 무엇일까요? 풍부한 지하자원, 넓고 비옥한 영토 등 자연환경도 중요하지만 핵심은 사람입니다. 자원이 많고 비옥한데도 정치가 혼란하여 외세의 침략을 비롯한 곤란을 겪는 나라의 예는 얼마든지 찾아볼 수 있습니다.

이렇게 사람이 공동체 영속의 핵심이 되기 때문일까요? 우리는 때때로 특정 인물에게 지나치게 집중하는 영웅주의에 빠지고는 합니다. 특출한 한두 개인이 공동체 지속의 열쇠를 쥐고 있다고 판단하고 그에게 맹목적이고 무조건적인 지지를 보내는 것이지요. 이런 경향이 강화되면 오히려 공동체의 영속에 해가 되기도 합니다. 우리의 역사를 볼 때 이순신과 같은 영웅이 집단과 사회의 존속을 위해 필요했다는 점은 인정할 수 있습니다. 하지만 특정한 인물에 의해 좌우되는 역사의 위험성 또한 우리는 이미 잘 알고 있습니다. 나치 시대 독일 같은 경우가 대표적이겠지요.

집단주의에 기반해 애국심을 이용하는 것만큼이나 죽음의 공포를 적극적으로 활용하는 경우가 또 있습니다. 바로 종교입니다. 종교는 끊임없이 죽음에 관한 논의를 확대 재생산하며 사람들에게 공포와 불안을 심습니다. 그런 다음 내세에서의 영원한 삶이나 다음 생이 이어지는 윤회 등을 통해 죽음이 주는 불안과 공포를 줄이거나 해소해 주겠다고 약속하는 방식으로 사람들을 통제하고 지배해 왔지요. 일종의 공포 마케팅이고 속담으로 표현하면 "병 주고 약 주는" 모양

새입니다.

애국심과 종교 모두 죽음에 대한 공포를 바탕으로 하고 있기 때문인지 이 둘은 자주 결합하고는 합니다. 그리고 그럴 때 다른 집단과의 갈등이 가장 첨예하게 나타나기도 하지요. 애국심과 종교는 둘 다 신념으로 분류될 수 있는데, 같은 신념을 공유하는 사람들끼리는 내부 결속이 어느 때보다 단단해지고 신념을 공유하지 않은 바깥에 대한 배타성은 극도로 높아지기 때문입니다.

하나밖에 없는 목숨마저 내던지는 자살 테러가 종교의 영향력이 강한 중동 지역에서 종종 일어나는 것은 이런 배경 때문입니다. 사회나 집단의 영생을 위해, 그리고 내세에서의 영원한 삶을 위해 개인의 목숨을 포기하는 것이지요. 근본적으로 이와 유사한 행위는 비단 중동 지역뿐만 아니라 우리 사회를 비롯해 다른 많은 곳에서도 쉽게 찾아볼 수 있습니다. 일제 식민지 시기에 죽음을 각오하고 일본군과 싸운 이들도 자신의 목숨보다 민족 공동체의 지속을 더 중시한 것입니다.

잘 알려진 것처럼 사회의 불평등과 폭력 등 집단 사이의 갈등은 여러 가지 이유로 발생하며, 이를 설명하는 관점은 여럿이 있습니다. 당연히 죽음에서 유래한 공포와 불안이 사회 갈등을 전부 설명하지는 못하겠지만 갈등을 좀 더 입체적으로 이해하고 그 이면을 들여다보는 유용한 관점이 될 수 있으리라 생각합니다.

스스로 선택하는 죽음

지금까지 죽음을 모욕하면 벌어지는 일, 죽음에 대한 공포와 생물학적 죽음을 극복하기 위해 인류가 고안해 낸 방식, 죽음에 대한 공포를 이용하는 권력자와 종교에 대해 살펴보았습니다. 그런데 이러한 우리의 논의를 비웃기라도 하듯 스스로 목숨을 끊는 이들이 있습니다. 안티고네 이야기에서도 안티고네, 약혼자인 하이몬, 하이몬의 어머니 에우리디케, 안티고네의 여동생 이스메네가 스스로 목숨을 끊었지요.

18세기 괴테가 『젊은 베르테르의 슬픔』이라는 책을 펴낸 뒤 2000명이 넘는 사람이 소설 속 주인공 베르테르를 따라 스스로 목숨을 끊었다고 합니다. 이 때문에 모방 자살을 일컫는 '베르테르 효과'라는 용어까지 생겼습니다.

그렇다면 스스로 목숨을 끊는 것은 좋은 죽음일까요, 나쁜 죽음일까요? 예전보다는 훨씬 죽음에 개방적인 분위기가 되었으나 여전히 우리는 죽음에 관해 이야기하는 것을 기피하고, 특히 자살에 관해 언급하는 것을 가급적 피하려고 합니다. 실제로 주위에서 누군가 자살을 하면 그에 대해 말을 삼가야 한다는 무거운 분위기가 형성됩니다. 왠지 떳떳하지 못한 죽음이라고 생각하는 것도 같고, 망자가 현실도피의 수단으로 죽음을 선택한 패배자라고 인식되는 분위기도 있는 듯하고, 혹시 있을지도 모르는 치부가 죽음을 계기로 드러나기라도 할까 봐 조심하는 것 같기도 합니다.

특히 종교가 강하게 지배하는 공동체 중심의 사회에서는 자살을 금기시하는 경향이 또렷하게 나타납니다. 심지어 자살을 범죄로 취급하기도 하죠. 예를 들면 그리스도교를 국교로 삼은 뒤, 로마에서는 자살을 금지하고 죄로 여기기 시작했습니다. 순교하면 내세에서 영원한 행복을 누릴 수 있다는 믿음이 강해지면서 실제로 박해받는 상황이 아닌데도 스스로 순교하여 천국으로 가려는 사람들이 증가하자 교부들이 자살을 죄로 규정한 거죠. 예를 들어 히포의 주교이던 아우구스티누스는 자살이 자기 자신에 대한 살인이라고, 자기를 죽이는 것도 인간을 죽이는 행위이므로 살인하지 말라는 십계명의 여섯 번째 조항에 어긋난다며 자살하지 말라고 가르쳤습니다.

자살을 죄로 여기는 생각만큼이나 자살을 개인의 의지에 의한 자유로운 선택이라고 보는 생각 또한 오래되었습니다. 잘 알려져 있듯이 소크라테스는 스스로 독배를 받아들였습니다. 신을 모욕하고 그리스의 청년들을 잘못된 길로 인도했다는 죄목으로 사형을 선고받은 그는 충분히 도망칠 수 있었음에도 굳이 독약을 마시고 죽는 것을 선택했습니다. 이를 자살이라고 부를 수는 없겠으나 스스로 죽음을 선택한 행위인 것은 분명합니다.

소크라테스의 영향을 받은 후대의 철학자들, 특히 스토아학파의 철학자들 가운데 기꺼이 자살을 선택한 인물이 많습니다. 스토아학파를 창시한 제논을 비롯해 스토아학파에서 가장 유명한 인물인 세네카에 이르기까지 여러 인물이 스스로 목숨을 끊었죠. 그리고 세네카가 살았던 고대 로마에서는 오직 노예가 자살했을 때만 범죄가 되었습니다. 노예는 주인에게 속한 재산이므로 자살은 재산을 훼손하는 범죄라는 이유 때문이었죠.

사회학의 아버지로 불리는 에밀 뒤르켐의 저서 가운데 『자살론』 이 있습니다. 사용한 통계 자료에 문제가 있다는 비판을 받기도 하지 만 기피 대상이었던 죽음, 그것도 자살을 연구했다는 점에서 매우 큰 반향을 일으킨 책입니다. 그는 이 책에서 순전히 개인적인 행위처럼 보이는 자살이 실제로는 사회적 조건에 많은 영향을 받는다는 점을 지적합니다. 예를 들면 공동체 의식이 강한 천주교 신자가 개인주의 가 강한 개신교 신자보다 자살률이 낮고, 배우자가 있는 기혼자 역시 미혼자보다 자살률이 낮다는 점을 들어 자살이 온전히 개인에게만 귀 속된 문제가 아님을 밝혀냈지요.

스스로 목숨을 끊은 여러 사례 가운데 개인적으로 가장 인상적인 것은 스콧 니어링의 죽음입니다. 그는 평화와 공동체의 삶을 추구했 으며, 무엇보다 소크라테스처럼 자기가 생각하고 믿는 것을 평생 실 천하며 살았던 인물입니다. 그는 열심히 삶을 일구다가 100살이 되던 해, 생명 연장을 위한 모든 의학적 조치를 거부하고 물과 음식을 끊 고서 온전한 몸과 마음으로 죽음을 맞이한 것으로 알려져 있습니다.

이렇게 스스로 세상을 떠나야 할 때를 판단하고 죽음을 선택한 사람들의 이야기가 종종 들려옵니다. 이 또한 스스로 목숨을 끊었다 는 점에서 자살이겠으나 경건함과 인간적인 품위가 느껴진다는 점에 서 일반적인 자살과는 다르게 다가옵니다. 그래서인지 우리는 이러한 죽음을 때때로 상기하며 자기의 삶을 돌아보기도 하지요.

자살과는 성격이 다르지만 스스로 목숨을 끊는 방법 가운데 하나가 근래에 들어 진지하게 논의되고 있습니다. 바로 안락사(또는 존엄사)입니다. 안락사를 뜻하는 영어 단어 euthanasia는 '아름다운 죽음'이라는 뜻의 그리스어에서 유래했습니다. 안락사는 치료할 수 없는 병에 걸렸거나 더 이상 삶을 유지하는 게 무의미한 상황이라고 판단한 경우 고통 없는 죽음을 선택하는 행위입니다. 스스로 목숨을 끊는 선택을 한다는 점에서는 자살과 다르지 않으나 그 사유가 극히 한정된다는 점에서 일반적인 자살과 구별됩니다.

그러나 안락사, 그중에서도 의사의 조력으로 죽음에 이르는 적극적 안락사는 우리나라를 비롯해 대부분의 나라에서 법으로 엄격히 금지되어 있습니다(연명치료를 중단하는 소극적 안락사는 우리나라에서도 허용됩니다). 적극적 안락사가 법으로 허용되는 곳은 스위스와 네덜란드를 비롯한 유럽 몇몇 국가와 미국의 일부 주, 캐나다, 뉴질랜드 등 소수밖에 없습니다. 그러나 스스로 죽음을 선택하는 동시에, 죽음을 선택함으로써 남아 있는 시간을 더 뜻깊게 보내고자 하는 자유의지를 존중해야 한다는 점에서 적극적 안락사를 합법화해야 한다는 목소리가 높아지고 있습니다. 이러한 시각을 반영한 것이 존엄사라는 명칭이죠. 이 용어는 사람들이 스스로 존엄한 죽음을 선택할 권리를 가져야 한다는 주장을 담고 있습니다.

죽음을 망각한 사회가 잃어 가는 것

위의 관점에서 보면 자살이나 안락사는 죽음을 모욕하는 것이 아니며 야만적인 행위도 아닙니다. 죽음을 진정으로 모욕하는 것은 따로 있습니다. 예를 들면 폴리네이케스의 시신을 방치하도록 명령한 크레온처럼 자신의 목적을 위해 타인의 죽음을 이용하는 것도 죽음을 모욕하는 행위이지요.

그런데 현대사회에 들어서 죽음을 모욕하는 일이 일상적으로 광범위하게 이루어지고 있습니다. 오늘날 의학이 발전하여 기대수명이 급속도로 늘어나면서 우리는 그 속도만큼 죽음에서 멀어지고 있습니다. 여기에 더해 죽음을 사라져야 할 것으로 여기는 분위기가 점점 커지고 있습니다. 명품이 생활필수품이 되어 가는 것처럼, 몇몇 권력자들이 꿈꾸던 불로불사가 의학의 발전으로 우리 모두가 꿈꿀 수 있는 소망이 되어 가고 있는 듯합니다. 개인적으로는 이러한 흐름을 무언가가 뒤에서 부채질하고 있다고 생각합니다. 바로 시대의 이념으로 받아들여지고 있는 자본주의가 그것이죠.

자본주의는 사람들이 죽음을 직시하거나 기억하는 것을 좋아하지 않습니다. 오히려 의도적으로 죽음을 피하게 만들고 기억하지 못하게 유도하는 경향이 있습니다. 그 이유는 이렇습니다. 자본주의는 말 그대로 자본이 중심이라는 이념으로 그 핵심은 자본을 이용해 물건을 만들어 파는 것입니다. 한마디로 표현하면 '이 물건을 사라!'가 자본주의의 핵심 메시지입니다. 물건을 대량으로 생산해서 대량으로 판매하는 것을 중심으로 인류의 삶과 사회가 새롭게 구성된 것이 자본주의이지요. 그래서 자본주의 사회에서는 물건 판매를 방해하는 것은 없애거나 가치를 떨어뜨려 사람들의 관심이 그쪽으로 향하지 않도록 온갖 작업을 다해 왔습니다.

그런데 사람들이 죽음을 기억하고 가까이 바라보게 되면 어떻게 될까요? 아무래도 물건에 대한 욕망이 줄어들겠죠? 언제 올지는 모르지만 죽음을 맞이할 수밖에 없다는 사실을 또렷하게 받아들인다면 많은 물건을 소유하는 것이 전부 부질없게 느껴질 테니까요. "빈손으로 와서 빈손으로 가는 것이 인생"이라거나 "저승길에는 아무것도 가져가지 못한다"는 말을 떠올려 보면 이 점을 쉽게 수긍할 수 있을 것입니다.

당연한 말이지만, 물건을 향한 욕망이 줄어들면 물건을 사는 데 쓰는 돈에 대한 갈망도 따라 줄어듭니다. 또 사람들이 돈을 덜 탐하게 되면 될수록 자본으로 사람을 통제하고 지배하는 자본주의의 영향력도 줄어들겠지요.

이 논리대로라면 죽음은 자본주의의 강력한 적입니다. 그렇지만 죽음을 무찌르거나 정복할 방법이 아직 없으므로 자본주의는 죽음을 평가 절하하는 전략을 구사합니다. '죽음이 나쁜 것'이라는 생각을 사람들에게 심고, 심지어 사악한 것으로 여기게 만드는 방법을 고안해서 사회 곳곳에서 실행하는 것이죠. 예를 들면 영화에서 죽음을 고대 인류를 위협하던 맹수처럼 무섭고 공포스러운 것으로 묘사해서 사람들이 고개를 돌리고 바라보지 않도록 만드는 식입니다. 온라인을 떠돌아다니는 수많은 건강 관련 콘텐츠도 죽음(그리고 죽음을 연상시키는 노화)을 몰아내야 할 것으로 여기는 내용으로 가득 채워져 있습니다.

이렇게 오늘날 죽음은 뒷방 노인처럼 물러나야 했고, 어딘가 있다는 것은 알고 있으나 존재감은 희박한 그런 것이 되어 가고 있습니다. 고대 로마에서 전쟁에서 승리하고 돌아온 장군이 시가행진을 할 때 행렬 뒤에서 노예에게 외치게 했다는 "죽음을 기억하라(메멘토 모리)"라는 말은 허공으로 흩어져 사라지고 말았죠. 오늘날에는 되레 죽음을 기억하지 않으려고 애를 씁니다.

죽음이 좋다는 말도 아니고 오래 사는 것이 나쁘다고 말하려는 것도 아닙니다. 죽음을 바라보는 시선의 왜곡과 그로 인해 일어날 수 있는 문제를 인식하자는 뜻입니다.

실제로 죽음을 기억하지 않는 사회와 개인은 필연적으로 야만과 가까워집니다. 죽음이 사라지면 천벌이나 내세의 심판처럼 공동체를 지탱하는 윤리와 도덕의 한 축이 힘을 잃기 때문입니다. 부와 권력을 쥔 강자들이 천벌과 지옥을 두려워하지 않게 된다면 제멋대로 행동할 가능성은 훨씬 커지겠지요.

그동안 종교에서 죽음을 이용해 강자의 욕망을 제어하기 위한 윤리를 마련한 것은 바로 이 때문입니다. 예를 들어 "부자가 천국에 들어가는 것은 낙타가 바늘귀로 들어가는 것보다 어렵다"라는 성경 구절은 지난 2000년간 많은 부자들의 마음을 무겁게 만들었습니다. 그리스도교를 믿는 부자들 역시 지옥이 아닌 천국을 염원했을 테니 죽음 이후의 삶을 위해 자기 욕망을 억제하고 십계명 같은 윤리를 따르려 했습니다. 적어도 따르는 시늉이라도 해야 했지요.

애초에 종교는 많은 사람이 다투지 않고 평화롭게 공존하기 위한 사회적 장치의 성격이 강했습니다. 그래서 약자를 돕고 타인을 해치지 않으며 탐욕을 버려야 사후에 좋은 세상으로 갈 수 있다고 설파했던 것입니다. 또한 아무리 강한 힘이라도 악하다면 결국 패배하고, 언제가 되었든 선과 약자가 승리한다는 권선징악의 공식을 마련해 둔 것도 이 때문입니다.

그런데 자본주의의 영향 아래 죽음을 망각하기 시작하면서, 선한 약자가 승리한다는 믿음은 잊히고 '강자가 곧 정의'라는 법칙이 전면으로 부상했지요. 이런 현상이 지속된다면 우리 사회는 당연히 야만으로 흘러가게 되지 않을까요? 문명이란 본래 타인과 함께하는 세련된 삶의 양식을 의미하니까요. 우리가 죽음을 기억해야 하는 가장 큰 이유는 바로 우리 사회가 야만의 나락으로 떨어지지 않도록 붙잡기 위해서기도 합니다.

5

사후세계에 관한
인류의 다양한 시각

과거의 기억을 그대로 가지고 환생하는 N회차 인생 이야기가 유행입니다. 처음에는 웹툰과 웹소설에서 큰 인기를 끌었는데, 이제는 드라마와 영화 할 것 없이 환생과 타임리프 같은 서사 장치를 가져다 써서 사람들의 호기심과 눈길을 끌고 있습니다. 자신의 현실에 절망하면서 이번 생은 망했으니 다음 생을 기약하자며 탈출구를 찾는 사회 구성원이 그만큼 많다는 얘기겠지요.

만약 다음 생을 선택할 수 있다면 여러분은 어떤 인생을 고르시겠습니까? 이와 관련이 있는 옛 문헌이나 오늘날의 여러 사회 조사 결과물을 살펴보면 공통점을 발견할 수 있습니다. 어쩌면 당연한지도 모르겠으나, 사람들 대부분이 그 시대의 지배적인 가치가 충만한 삶을 고르려고 한다는 것입니다. 예를 들어 자본(돈)이 중심 가치인, 달리 말해서 돈이 가장 중요하게 여겨지는 오늘날이라면 대체로 부가 충만한 삶을 원하는 경향이 나타나고 있지요. 지금 사회에서는 '천국'을 상상할 때도 돈이 넘쳐나는 곳으로 상상할 것입니다.

천국의 이미지는 시대와 장소에 따라 달라집니다. 가령 조선 시대에는 이른바 '사농공상'이라는 계급의 구분이 있었는데 이 가운데 돈을 다루는 상인은 가장 아래에 속했습니다. 그러나 오늘날은 이 계급 체계가 완전히 뒤집혔습니다. 이 변화를 대학 학과 선호도에 비유하면, 조선 시대의 공工과 상商에 해당하는 의과대학, 공과대학, 경영학과는 지금은 위에 있고, 조선 시대의 사士에 해당하는 인문대학은 아래에 있습니다. 조선 시대라면 선비가 되는 것이 천국에 가까워지는 방법이었으나 지금은 기준이 달라졌다는 뜻이지요. 이렇듯 천국의 이미지를 들여다보면 그 사회에서 추구하는 중심 가치를 알 수 있습니다.

다음 인생을 선택할 수 있다면

다시 물어보죠. 다음 생을 고를 수 있다면 어떤 인생을 선택하시겠어요? 자못 엉뚱할 수도 있는 이 물음에 대해 아주 깊이 사색하여 나름의 답을 내놓은 유명한 철학자가 있습니다. 그는 오늘날에도 여전한 영향력을 발휘하는 그리스 철학자 플라톤입니다. 플라톤은 그 대답을 대표 저작인 『국가』의 마지막 부분에 실었습니다. 이른바 '에르 신화'라고 부르는 것으로 사람들이 죽은 뒤에 다음 인생을 선택하는 내용이 담겨 있습니다.

소아시아의 팜필리아에 살던 에르라는 남자가 전쟁에 참여했다가 죽게 됩니다. 그런데 죽고 열흘이 지나도 시신이 부패하지 않았고 이틀이 더 지난 뒤 치러진 장례(당시 그리스는 12일장이었습니다)에서 되살아나기까지 합니다. 죽었다가 살아난 에르는 사후세계에 관한 흥미로운 이야기를 들려줍니다.

에르의 증언에 따르면 누군가 죽게 되면 네 개의 신비로운 구멍 앞으로 가게 됩니다. 구멍 두 개는 하늘로 향해 있고 두 개는 땅으로 향해 있는데 도덕적으로 선하게 산 사람은 하늘로 향하는 길로 인도됩니다. 에르는 그곳에서 하늘에서 내려온 사람들과 땅에서 올라온 사람들을 만나서 이야기를 듣습니다.

하늘에서 내려온 선하고 깨끗한 영혼들은 그들이 경험한 아름다운 모습과 황홀한 느낌에 대해 들려줍니다. 한편 땅으로 향한 구멍에서 온 사람들은 초췌하고 피곤해 보였으며, 자기들이 살아 있을 때 저지른 악한 행위의 열 배에 해당하는 끔찍하고 절망스러운 형벌을 받았다는 이야기를 들려주었습니다. 그 네 구멍 앞에서 이루어지는 판결의 요지를 정리하면 다음과 같습니다.

죽은 영혼이 살아 있을 때 누군가에게 불의한 일을 저질렀다면 피해자 모두에게 열 번을 되풀이해서 벌을 받아야 한다. 그러니까 자기가 저지른 불의에 열 배로 보상하기 위해 인생을 백 년으로 친다면 백 년마다 한 번씩 벌을 받아야 한다. 예컨대 국가나 군대를 배반해서 많은 사람을 죽게 만들거나 많은 사람을 노예로 만들었다면 그 열 배의 고통을 받아야 한다. 마찬가지로 선행을 했거나 올바르고 경건하게 처신한 적이 있다면 역시 같은 비율에 따라 그에 대한 보답을 받게 된다. 특히 신에 대한 경건이나 불경, 부모에 대한 효도나 불효 또는 살인 행위에 대해서는 훨씬 더 큰 보답을 받거나 벌을 받게 된다.

즉 죽고 나서 살아 있을 때 베푼 선행이나 저지른 악행의 열 배에 해당하는 보상과 처벌이 이루어진다는 뜻입니다. 이렇게 선하게 산 사람이 복을 받고 나쁘게 산 사람이 벌을 받는다는 인과응보 사상은 천국과 지옥의 존재 정당성과 그 이미지를 제공했습니다. 인과응보 사상은 지금까지도 사람들의 윤리를 관통하는 큰 물줄기 가운데 하나이지요. 다시 에르의 이야기에 귀를 기울여 봅시다.

에르는 그다음에 영혼들이 추첨을 통해 순서를 정하고 다음 인생을 선택하는 과정을 지켜봅니다. 에르는 며칠 뒤에 되살아나기로 되어 있었으므로, 그를 제외한 영혼들이 다음 인생을 선택하는 과정을 견학하듯 보는 거지요.

제비뽑기에서 1번을 뽑은 첫 번째 영혼은 지하의 형벌이 주는 공포를 몰랐던 사람이었습니다. 그래서 곧바로 강력한 힘을 발휘할 수 있는 독재자의 삶을 선택합니다. 그리고 오매불망 기다리던 신제품을 열어 보듯 자기가 새로 선택한 인생을 살펴보던 그는 자기 아들을 잡아먹는 끔찍이도 불행한 운명을 맞이한다는 걸 알게 됩니다. 다른 영혼들도 대부분 지난 인생에서 경험하지 못한 인생을 선택했습니다. 가난했던 자는 부자의 인생을 선택하고, 외모에 만족하지 못했던 영혼은 꽃미남이나 꽃미녀의 인생을 선택하는 식이었죠.

이렇게 제비뽑기 순서대로 다음 인생을 선택하는 과정에서 몇몇 흥미로운 인물이 등장합니다. 먼저 눈에 들어오는 사람은 아가멤논입니다. 그는 트로이 전쟁에서 그리스 군대의 총사령관으로 전쟁을 승리로 이끌었으나, 전쟁에서 돌아온 그날 밤 욕실에서 바람난 아내와 그의 정부에게 맞아 죽은 불행한 인물입니다. 그는 인간이란 존재에 절망적인 회의를 느끼고 인간이 아닌 독수리의 삶을 선택합니다.

역시 트로이 전쟁에서 '트로이 목마'라는 아이디어를 내어 전쟁을 승리로 이끄는 데 결정적인 역할을 한 오디세우스는 제비뽑기에서 가장 마지막 번호를 뽑았습니다. 그는 바다의 신 포세이돈의 분노로 전쟁이 끝난 뒤에 집으로 바로 돌아가지 못하고 오랜 세월 온갖 고난을 겪으며 세상을 떠돌아다녀야 했던 인물입니다. 이런 경험 때문인지 헌책방에서 책을 고르듯 신중한 얼굴로 한참을 뒤져서 인생에서 눈에 띄는 별다른 사건이 일어나지 않는 가장 평범한 인생을 고릅니다. 그리고 만약 1번을 뽑았다고 해도 그 인생을 골랐을 것이라는 말을 남깁니다.

이렇게 다음 인생을 고른 영혼들은 자기를 도와줄 수호신을 배정받은 다음에 망각의 강인 레테로 가서 물을 마십니다. 이 물을 마시면 과거의 모든 것을 잊고 새로운 인생을 위한 여행을 떠날 수 있게 됩니다. 물론 에르는 장례를 위해 쌓아놓은 장작더미에서 극적으로 몸을 일으켰고요.

이제 우리들 차례입니다. '나는 어떤 다음 인생을 고를까?' 이 물음의 답을 찾다 보면 지금까지 자신이 어떤 삶을 살아왔는지 보이기 시작할 것입니다.

원형 세계관과 선형 세계관

에르 신화에는 죽었다가 다시 태어나 새로운 삶을 살아간다는 윤회 사상이 전제되어 있습니다. 윤회는 지난 인생을 어떻게 살았는지에 따라 보상과 벌을 받고 바퀴가 굴러가듯 다음 삶이 이어진다는 사상입니다.

그런데 플라톤의 철학을 깊이 받아들인 그리스도교의 세계관은 윤회 사상은 받아들이지 않습니다. 그리스도교의 세계관은 둥근 원이 아닌 선을 닮았습니다. 시작과 끝이 따로 없는 원과 달리 선에는 시작과 끝이 있지요. 그처럼 이 세계관에서는 천지 창조라는 시작이 있습니다. 그 후 아담과 이브의 타락으로 원죄가 발생해 인류가 에덴동산에서 추방되고, 여러 죄를 지어 대홍수로 벌을 받으며, 예수의 죄 사함과 구원을 거쳐 최후의 심판으로 끝이 나지요. 이런 일련의 과정이 곧게 뻗은 자동차 도로처럼 이어져 있습니다. 그래서 그리스도교의 세계관을 선형 세계관이라 부릅니다.

선형 세계관에서는 출발지와 도착지가 존재하고 현재에서 뒤로 돌아갈 수 없습니다. 오직 앞으로 향해 갈 수 있을 뿐입니다. 그러니까 요즘 웹툰에서 볼 수 있는 것처럼 에덴동산 시절로 되돌아가 아담과 이브의 타락을 막거나 대홍수를 되돌릴 수 없다는 뜻이죠. 선형 세계관에는 윤회처럼 다시 기회를 부여받는 패자부활전이 없습니다. 에르 신화의 여러 그리스 영웅들처럼 새로운 인생을 선택할 수 없다는 것이죠. 이번 인생이 죽은 뒤에 찾아올 영원한 삶을 결정하는 단 한

번의 기회이기 때문에 느슨한 자세로 살아서는 안 됩니다.

한편으로는 그렇기에 명확하고 냉정한 삶의 태도를 견지할 수 있게 해 줍니다. 술에 물을 탄 듯 어정쩡하게 살거나 오늘의 일을 내일로 미루며 사는 게 아니라 현재에 집중하여 충실한 삶을 살도록 유도하지요. 선형 세계관을 오랫동안 유지해 온 서양에서 명확함을 기반으로 하는 과학 문명을 발전시킨 것도 이와 무관하지 않을 것입니다.

그런데 동아시아의 주된 종교인 불교와 힌두교에서는 에르 신화에서처럼 죽은 이후에 다시 태어날 수 있다고 생각합니다. 산스크리트어로 '삼사라'라고 부르는 윤회는 삶이 한 번에 끝나지 않고 둥근 원처럼 계속 이어진다는 세계관에 기반하고 있습니다. 그러니까 이번 생이 망해도 다음 생에서 만회할 기회가 있다는 거죠. 원은 시작도 없고 끝도 없으니까요. 윤회를 토대로 한 이러한 사고방식은 원형 세계관이라고 부릅니다.

영원과 순간의 차이

동아시아 사람들은 오랫동안 윤회가 포함된 원형 세계관을 죽음을 대하는 사고 체계로 삼아 왔습니다. 우리도 그들 중 하나여서 우리 문화에도 원형 세계관에 근거해서 형성된 것이 많습니다. 다만 최근 세계화와 더불어 서구적 가치가 우리 생활 속에 깊이 스며들면서 원형 세계관과 선형 세계관이 뒤섞이고 있는 것도 눈에 띕니다.

우리는 대개 익숙한 것을 좋은 것이라고 여기며 살아가곤 하지만, 원형 세계관과 선형 세계관 중 무엇이 더 낫다고 말할 수는 없습니다. 두 세계관 모두 그때그때 삶의 환경과 조건에 따라 어떻게 현재의 삶을 더 의미 있고 가치 있게 만들지 고민하는 과정에서 나왔기 때문입니다. 사람마다 MBTI가 제각각인 것처럼 원형 세계관과 선형 세계관 역시 살아가는 태도의 문제일 뿐입니다. 어떤 사람은 꽃이 피는 봄을 좋아하고 어떤 사람은 단풍이 물드는 가을을 더 좋아하며, 누구는 여름을 또 다른 누구는 겨울을 기다리는 것과 비슷하죠. 그리고 좋아하는 계절이 꼭 하나일 필요가 없듯이 두 세계관 중 어느 하나를 반드시 선택해야 할 이유도 없습니다. 자기의 상황에 맞춰 선택해도 되고, 그때그때 달라져도 문제가 없습니다. 심지어 제3의 세계관, 즉 다음 세상이 없다는 세계관을 선택해도 됩니다. 여러분의 선택에 도움이 될 수도 있으니 두 세계관 속으로 한 걸음 더 들어가 보죠.

선형 세계관에서 창조와 타락으로 인한 낙원 추방 등은 이미 발생한 사건으로 돌이킬 수 없는, 이른바 비가역적 상황입니다. 따라서 과거에 그런 일이 있었다는 것을 확인하면 될 뿐 굳이 깊게 파고들 필요가 없습니다. 이미 일어난 일이고 주워 담을 수 없는 엎질러진 물입니다.

그러므로 그리스도교의 선형 세계관을 토대로 하면 과거가 아니라 앞으로 일어날 구원과 최후의 심판에 집중해야 합니다. 그리스도교를 기반으로 하는 신흥종교들이 하나같이 종말을 외치는 것은 이런 이유 때문입니다. 그들은 바꿀 수 없는 과거는 그대로 두고 아직

도래하지 않은 미래의 구원을 약속하며 신도를 끌어모으려고 하지요.

구원과 최후의 심판이 중요한 이유는 내세의 영생 때문입니다. 선형 세계관에 따르면 이 세상에 종말의 때가 찾아오면 구원자가 지상에 나타나 전 인류를 심판하는데, 이때 이제까지 그의 가르침을 믿고 따른 자는 구원을 받아 천국으로 가고 그렇지 않은 자는 영원한 벌을 받게 되는 것이죠. 플라톤이 말한 것은 열 배였으나 선형 세계관에서는 영원입니다.

전체 시간으로 보면 순간에 불과한 현재의 생이 내세에서의 영원한 삶을 결정하는 셈이니 정신이 번쩍 드는 설정입니다. 일부 그리스도교 신자가 길이나 지하철에서 '예수천국 불신지옥'이라고 외치는 것도 이해 못 할 일은 아니죠.

잠시 여담을 하면 그리스도교의 세계관에서는 과거 대홍수라는 물에 의한 벌이 이미 있었기 때문에 미래에는 불로 마지막 심판이 이루어집니다. 왜 물과 불일까요? 세상에서 가장 무서운 것은 물과 불이기 때문입니다(그래서 물불을 가리지 않는 사람이 세상에서 가장 무서운 사람이지요). 산더미처럼 몰려오는 쓰나미, 화산 폭발이나 거대한 산불은 실제로 매우 파괴적입니다. 일본에서 발생한 동일본 대지진 때의 쓰나미나 미국과 호주, 그리고 우리나라에서 발생한 대형 산불의 폭발적이고 흉포한 모습을 본 적 있으실 것입니다. 물과 불의 상징성 때문에 대부분의 종교는 물과 불을 적극적으로 활용해 왔습니다. 강에서 세례를 주거나 불(전깃불이 아니라 양초나 횃불 같은 실제 불)로 성소를 밝히는 것 등이 그런 예이며, 고대 종교인 조로아스터교는 불(마음속 지혜의 불)을 숭배해서 배화교拜火敎라는 별칭을 얻기도 했습니다.

　이와 달리 시작도 끝도 없이 삶이 이어진다는 원형 세계관에 따르면, 설날을 기점으로 새해가 시작되듯 죽음을 기점으로 새 인생이 시작되어 삶이 영원히 반복됩니다. 현재의 삶에서 잘못을 저지르면 다음 인생에서 그 죄의 대가를 치러야 하지만 영원한 형벌이 아니기에 다음 생에서 만회할 수 있습니다. 이런 반복을 윤회라고 부르는데, 불교에서는 이 윤회를 끝내는 것을 모든 삶의 최종 목표로 설정합니다. 왜 다시 태어나는 걸 그만두려고 할까요? 불교에서는 병들고 늙고 죽어가는 생로병사에서 온갖 번뇌가 생겨나 우리를 괴롭힌다고 보기 때문에 윤회하지 않는(다시 태어나지 않는) 상태를 지향하고 있습니다. 이렇게 번뇌가 모두 사라진 상태를 해탈 또는 열반이라고 부르지요.

　이렇듯 원형 세계관에는 처음부터 순간과 영원이 분리된 선형 세계관과 달리 순간이 모여서 영원을 향한다는 생각이 담겨 있습니다.

　21세기를 살아가는 우리는 어떤 세계관을 선택하는 것이 유리할까요? 오늘날 과학이 크게 발달하고 과학적 세계관이 득세하면서 종교에서 제시한 선형 세계관이나 원형 세계관 모두 이미 흘러간 과거의 유행가와 같은 것이 아니겠느냐고 주장하는 분도 있을 듯합니다. 그러나 AI와 로봇, 사이보그가 곧 우리의 삶 속으로 파고들 것이 확실한 오늘날 순간과 영원이라는 생각은 과거와 다른 차원의 의미를 띠고 우리에게 다가오고 있습니다. 그래서 앞으로 순간과 영원을 둘러싼 물음과 논의는 지금까지와는 전혀 다른 방향으로 흘러갈 수도 있겠다는 생각이 듭니다. 이를 위해서도 인류가 예부터 묻고 대답했던 지난 생각들을 꼼꼼하게 점검해 볼 필요가 있지 않을까요?

달라이 라마의 환생

현재 윤회와 관련한 인물 중 가장 유명한 사람은 단연 달라이 라마가 아닐까 합니다. 달라이 라마는 티베트 불교의 수장이지만 왕의 역할까지 맡고 있어서 성스러운 권력과 세속적인 권력을 한 몸에 지닌 지도자입니다. 티베트의 실제적인 통치자인 셈이죠.

대체로 고대 이후 왕권이 강화되면서 과거에 하나였던 신성권력과 세속권력은 분리되는 경향을 보입니다. 이 두 권력의 관계는 시대와 장소에 따라 여러 양상을 띠는데, 서양의 중세에서 보듯 교황을 정점으로 하는 신성권력이 세속권력을 지배하기도 하고(교황이 황제를 무릎 꿇린 카노사의 굴욕 같은 사건이 상징적입니다), 종교가 약해진 오늘날처럼 세속권력이 신성권력을 압도하기도 합니다.

그런데 티베트는 독특하게도 신성권력과 세속권력이 결합된 오래전의 전통을 유지하고 있습니다. 여기에 더욱 흥미로운 것은 13세기에 정착된 달라이 라마의 환생 제도입니다. 티베트에서는 달라이 라마가 세상을 떠나고 나서 다른 아이의 몸으로 환생한다고 믿습니다. 그래서 티베트 불교의 고승들은 전대 달라이 라마가 환생한 아이를 찾아 나섭니다. 고승이 성스러운 호수에 가서 기도와 명상을 하면 호수의 수면에 환생한 아이를 알려 주는 단어나, 그 아이가 사는 곳

출처: Christopher Michel, CC BY 2.0

달라이 라마는 전대 달라이 라마의 환생으로 인정받기에 티베트의 권력을 물려받을 수 있습니다. 현 달라이 라마는 14대째 달라이 라마라고 하지요. 나중에 그가 죽는다면 15대째 달라이 라마로 환생하게 될까요, 아니면 환생이 멈출까요? 궁금한 부분입니다.

근처의 사원 또는 태어난 집 등의 이미지가 나타난다고 합니다. 그들은 그 이미지를 단서로 전국을 돌아다니지요.

고승이 달라이 라마의 환생이라고 여겨지는 아이를 찾아내면 오랜 전통에 따른 엄격한 심사를 진행합니다. 예를 들면 그 아이 앞에 전대 달라이 라마의 유품과 다른 물건을 섞어서 내놓은 다음 전대 달라이 라마가 사용하던 물건을 찾을 수 있는지 지켜보는 거죠. 아이가 그 물건을 정확히 골라내 선택하면 이 심사는 통과입니다.

그 외의 여러 심사를 통해서 달라이 라마의 환생으로 최종 확인되면, 곧바로 그 아이는 달라이 라마로 인정받습니다. 세계 어디에도 없는 지도자 선출 방식이죠. 다만 매우 어린 나이에 결정되기 때문에 훌륭한 달라이 라마가 되기 위한 엄격한 교육을 수년간 받은 뒤에야 비로소 정식으로 달라이 라마에 취임할 수 있습니다. 그 사이에는 고위 승려 가운데 한 명과 일반인 한 명이 함께 섭정을 하여 정치와 종교 전반을 다스립니다. 신성권력과 세속권력이 잠시 나뉘는 것이죠. 섭정은 달라이 라마가 16~20세가 되어 정식으로 취임할 때까지 이어집니다.

현재 티베트는 1950년 중국의 침략을 받고 점령당해 정치적으로 중국에 종속된 상태이며 시짱자치구西藏自治區라는 이름으로 불립니다. 이에 따라 달라이 라마는 티베트에서 과거처럼 권력을 행사하지 못합니다. 티베트의 실질적인 권력 행사는 중국이 하고 있지요. 그래서 앞으로 달라이 라마의 환생이 없을 수 있다는 말도 한때 나돌았습니다. 그건 달라이 라마가 환생한 아이가 중국인이 될 수도 있기 때문입니다(정확히는 중국 정부가 중국인 아이를 달라이 라마의 환생이라고 내세울 수도 있기 때문입니다). 과거 몽골이 원나라를 세우고 티베트를 점령했을 때에도 티베트인이 아닌 몽골 출신 아이가 달라이 라마가 된 전례가 있었지요.

만약 중국인이 다음 달라이 라마가 된다면, 이미 넘어간 세속권력뿐 아니라 신성권력까지 고스란히 중국 정부의 손에 들어갈 수도 있습니다. 티베트인의 달라이 라마에 대한 절대적인 믿음을 고려하면 충분히 일어날 수 있는 일입니다. 지금의 달라이 라마가 1935년생으로 고령이기 때문에 달라이 라마의 환생 여부는 티베트의 목전에 바짝 다가온 중차대한 문제가 아닐 수 없습니다.

개인적으로 지도자를 선출하는 제도 가운데 가톨릭에서 교황을 선출하는 콘클라베와 달라이 라마의 환생 제도가 가장 뛰어나다고 생각합니다. 콘클라베는 달라이 라마의 환생 제도가 생긴 것과 같은 시기인 13세기에 정식으로 도입되었습니다. 교황이 세상을 떠나면 새로운 교황을 선출할 자격이 있는 추기경들이 한곳에 모여 회의와 투표를 통해 새로운 교황을 뽑는 제도이지요. 이때 추기경들은 교황을 선출하기 전까지 끝없이 생각을 주고받으며 다른 사람(투표권을 가진 추기경)을 설득하고 협상을 진행합니다. 그렇게 해서 3분의 2 이상의 표를 받는 사람이 나올 때까지 투표를 계속합니다. 이 과정에서 자연스럽게 후보자에 대한 객관적인 평가가 이루어지고 당대에 가장 훌륭한 인물을 교황으로 선출할 수 있는 토대가 마련되지요.

달라이 라마의 환생 제도도 이와 다르지 않습니다. 고승이 티베

148

트 전역을 다니면서 달라이 라마가 환생한 아이를 찾는 것을 외부자의 시선으로 보면, 좀 불경한 판단인지도 모르지만, 인품이나 지적 능력 등이 종합적으로 가장 뛰어난 아이를 고르는 작업으로 보입니다. 이렇게 선택한 아이에게 최고의 교육을 받게 하면 훌륭한 지도자가 될 가능성이 매우 높아지지 않을까요? 부디 앞으로도 외부의 간섭 없이 달라이 라마가 환생하는 것을 지켜볼 수 있기를 희망합니다.

도축장에서의 깨달음

이왕 티베트 이야기가 나왔으니 좀 더 티베트에 머물기로 하겠습니다. 어떤 저명한 학자가 젊은 시절 불교를 깊이 이해하기 위해 잠시 티베트 불교 승려가 되었을 때의 이야기를 읽은 적이 있습니다. 그는 당시를 회고하며 여러 이야기를 내놓았는데 그 가운데 도축장 체험담이 있습니다.

외국인으로서 승려가 된 지 얼마 지나지 않아서 언어가 잘 통하지 않던 어느 날, 그는 자다가 새벽에 일어나 영문도 모르고 얼떨결에 시장으로 가서 소를 도축하는 잔혹한 장면을 보아야 했습니다. 도축업자가 소를 죽이는 모습을 티베트 승려들이 죽 둘러서서 지켜보는 매우 독특한 상황이었죠. 그 장면을 말없이 지켜보고 돌아오는 중에 그는 말이 통하는 가까운 승려에게 도축장 체험을 하는 까닭을 물었습니다. 승려는 이 체험이 윤회와 관련이 있다고 알려 주었습니다.

윤회의 법칙에 따르면 그날 시장에서 도축된 소는 전생에 사람이었을지도 모릅니다. 또 이제 죽어서 다음 생에 사람으로 태어날 수도 있습니다. 도축을 지켜보던 승려 또한 다음 생에 소로 태어날 수도 있고, 소를 죽이는 도축업자가 될 수도 있으며, 다른 그 무엇이 될 수도 있겠지요. 도축장 체험은 잔혹한 행위나 변태적인 홍미를 위한 것이 아니라 다음 생에 관해 생각하는 매우 진지한 성찰의 현장이었던 것입니다. 그는 도축장 체험이 존재와 그 성격에 관해 새롭게 인식하게 된 사건이라고 회고했습니다.

그렇다면 인류는 과연 어떤 과정을 통해서 윤회라는 생각을 떠올리고 받아들이게 된 걸까요? 단지 한 번의 인생으로 끝나는 것이 아쉬워서 다시 태어나서 살아 보고 싶다는 생각에서 유래했을까요? 그렇게 단순하지는 않을 것 같습니다. 종교로 분류되지만 철학에 가까운 불교와 서양 철학의 시조인 플라톤조차 윤회를 이야기했다는 점에서 윤회가 단순히 인류의 오랜 희망이었다고 정리할 수 없을 듯합니다. 보다 근본적인 특별한 무엇이 있지 않을까요?

함께 생각해 보죠. 불교와 플라톤 모두 윤회를 인과응보 사상과 연결합니다. 그러니까 다음 인생이 있어서 새로 태어날 수 있는데, 이전 인생을 어떻게 살았는가에 따라 다음 인생의 색깔이 결정된다고 말합니다.

예를 들어 불교에서는 윤회하여 다시 태어날 세상을 여섯 가지로 나누어 놓았습니다. 가장 고통스러운 지옥도, 굶주림의 고통이 심한 아귀도, 짐승과 새·벌레·뱀 등이 사는 축생도, 노여움이 가득한 아수라도, 인간이 사는 인도, 행복을 누리는 천도가 그것으로, 이 여섯 세상을 하나로 묶어 육도라고 부릅니다. 그리고 내세에서 영원히 사는 것이 아니라 죽을 때마다 이전의 업보에 따라 육도를 넘나들게 됩니다. 앞서 말한 것처럼 깨달음을 얻고 열반에 이르게 되면 이런 육도를 넘나드는 윤회에서 벗어날 수 있게 되죠.

이런 윤회의 인과응보 사상은 윤회를 믿는 사람들에게 엄청난 영향을 끼쳤습니다. 삶을 송두리째 지배했다고까지 말하기는 어렵지만, 살아가면서 마주치는 순간순간의 선택 상황에서 꽤나 큰 영향력을 발휘했지요. 사람들은 다음 세상에서 행복하게 살 수 있는 인도나 천도에서 태어나기 위해 종교의 계율은 물론이고 자신이 속한 문화에서 정한 선한 행동을 실천하려고 노력했습니다. 이것만으로도 윤회가 지닌 의미는 충분하지 않을까요? 윤회를 믿는 덕분에 사람들이 윤리적으로 살 수 있다면, 그래서 세상이 평화롭고 다정해진다면 그것만으로도 좋은 일이 아닐까 합니다.

조선 초기 어느 승려는 유학자들과 논쟁을 벌이다가 윤회가 좋은 내세를 바라는 마음으로 선을 따르게 하고 악을 버리게 만드니 윤회설이 백성을 교화할 때 그 이익이 막대하다며 윤회가 진짜인지 아닌지를 따지거나 거짓이라고 배척할 이유가 없다고 반문합니다. 이는 조선 초기 권력을 장악한 유학자들이 죽은 다음에 아무것도 존재하지 않고 다음 인생이란 없다며 불교의 윤회설을 부정한 것에 대한 되물음이었습니다.

여러분이라면 유학자와 승려 가운데 어느 쪽의 손을 들어주고 싶으신가요? 저는 어떻게 하면 현재의 삶을 좋은 삶으로 만들 것인지에 대한 대답이라는 점에서 윤회라는 아이디어는 훌륭한 수단이라고 생각합니다. 뿌린 대로 거둔다는 인과응보 사상을 받아들인다면 타인과 다투기보다는 마음이 내키지 않더라도 돕기를 선택할 것입니다. 윤회하기에 따라 상대가 다음 생에서 부부나 부모 자식 관계가 될 수도 있다고 생각한다면 상대를 배려하는 마음이 싹트겠지요. 이렇게 내 욕망을 조금 줄이고 타자를 배려하며 모두 평화로운 삶을 살 수 있다면 윤리학에서 오랫동안 중요하게 여겨 온 '좋은 삶'에 한 걸음 다가설 수 있지 않을까?

실제로 우리 사회에서는 눈을 흘기는 사람에게 "눈을 너무 흘기면 가자미로 태어난다"라고 하거나, 고기에 집착하는 사람에게(특히 아이에게) "고기 뼈를 핥아 먹으면 강아지로 태어난다"라고 하며 나쁜 버릇을 고치기 위해서도 윤회 사상을 활용했습니다. 약 1700년 전 불교가 전래된 이래 윤회에 관한 생각이 삶 곳곳에 스며들다 보니, 윤회가 우리 문화의 중요한 한 조각이 된 것이죠.

이처럼 현대인에게 윤회는 삶에 이익을 가져다주는 좋은 생각이 될 수 있습니다. 그래서 윤회는 겉보기와 달리 미래가 아닌 현재를 위한 사상이고 철저하게 현실적인 믿음이라는 생각이 듭니다.

순환하는 계절에서 인생을 상상하다

하루가 영원히 반복되는 이야기를 다룬 영화나 드라마를 다들 한 번쯤은 보셨을 겁니다. 이런 작품에서 주인공은 매일 반복되는 사건을 겪으며 점차 미래를 예측하게 되고, 이를 바탕으로 위험에 능숙하게 대처하고 최선의 선택을 해서 결국 원하는 것을 얻게 됩니다.

우리 조상들도 이렇게 여러 번의 삶을 되풀이하면서 더 능숙하게 또는 원하는 대로 잘 살고 싶어 했습니다. 뭐든 처음 하면 서투르기 마련인데, 인생이란 연습할 기회 없이 곧바로 실전이라 후회와 아쉬움이 없기가 힘들지요. 다시 태어나면 이전보다 훨씬 잘 살 수 있지 않을까 하는 생각에서 처음 윤회라는 생각을 떠올렸을지도 모르겠습니다. 학생들이 모의고사를 보고 본 시험을 보듯이, 시험 삼아 살아보고 다음에 그 경험을 토대로 원하는 삶을 살면 좋지 않을까 상상해 봤을 수 있습니다.

사실 윤회라는 믿음이 처음에 어떻게 생겨났는지는 알 수 없습니다. 그렇지만 그 유래는 추적해 볼 수 있을 듯합니다. 인간도 자연의 일부인 생물이고 인류가 고안해 낸 문화의 많은 것이 자연에서 유래했다는 점을 떠올려 보면 윤회 또한 자연에서 유래한 것이 아닐까 하는 생각에 이르게 됩니다.

이렇게 추론하는 근거는 바로 계절입니다. 우리는 일반적으로 계절이 봄-여름-가을-겨울 순으로 진행된다고 여깁니다. 이러한 계절의 순서는 순전히 편의적으로 정착되었을 수도 있지만, 우리의 인생을 떠올리면 계절의 순서와 인생의 과정이 잘 맞아떨어집니다. 언 땅을 뚫고 싹이 트는 봄은 아이, 푸름이 무성한 여름은 청장년, 열매가 맺고 잎이 떨어지는 가을은 장년부터 노년, 왕성하던 생명이 스러지는 겨울은 노년에서 죽음으로 향하는 때에 비유할 수 있고, 그런 비유가 문화에도 많이 스며들었지요.

겨울의 이미지를 한번 머릿속에 떠올려 보세요. 겨울이 오면 나무는 잎을 모두 떨어뜨리고 앙상한 뼈대만 남깁니다. 나무의 이런 모습은 겨울을 나기 위한 생존전략이지만, 그 모습만 보면 살이 썩어 사라지고 뼈만 남은 사람의 해골이 연상됩니다. 다시 말해 죽음을 떠올리게 하지요.

겨울이 지나고 봄이 찾아오면 뼈대만 남았던 겨울나무에 푸른 잎사귀가 돋아나기 시작합니다. 또 죽은 듯 보였던 땅에서 풀이 돋고 꽃이 피어납니다. 우리는 봄이 찾아오는 걸 너무나도 당연하게 여기지만, 곰곰이 생각해 보면 봄이 오는 건 기적과도 같은 경이로운 일 아닌가요? 꽁꽁 얼고, 딱딱해지고, 바짝 말라서 죽었다고 생각한 곳에서 다시 생명이 움트는 것이니까요. 찬란한 마법이 아니고서는 벚꽃이며 라일락이 꽃대궐을 이룬 4월이 어찌 오겠습니까?

인류는 예부터 이렇게 주기적으로 발생하는 기적을 바라보면서 사람의 해골에도 다시 살이 붙고 숨이 돌아오는 기적과 마법을 떠올렸을 것입니다. 신화에는 그런 흔적이 많이 남아 있습니다. 한국 신화를 보면 유독 꽃 이야기가 많이 나옵니다. 그 가운데에는 뼈에 살이 붙게 만드는 살살이 꽃, 죽은 사람의 숨이 돌아오게 하는 숨살이 꽃 이야기가 있습니다. 생명을 뜻하는 꽃을 뼈에 대면 살이 돋고 숨이 돌아온다는 설정이지요. 봄이 오면 앙상한 겨울나무에서 잎이 돋고 꽃이 피는 모습과 쏙 닮은 이야기입니다.

봄을 맞이해 살아나는 겨울나무를 바라보면서, 봄에 새로운 생명을 상징하는 꽃이 활짝 피듯 죽은 이가 새 생명인 아이로 다시 태어나는 것은 아닐까 하고 상상해 보지 않았을까요?

문화와 의례에 담긴 윤회의 흔적

윤회의 흔적은 신화나 설화, 의례 등 우리 문화 곳곳에서 만나볼 수 있습니다. 먼저 몇몇 옛이야기부터 살펴보죠.

어느 곳에 남매와 함께 가난한 과부가 살았습니다. 이들은 너무나 가난해서 산다는 것이 생존, 즉 살아남는 것과 같은 말일 정도였습니다. 그러나 그조차 버거웠는지 과부는 오래 버티지 못하고 세상을 떠나고 말았습니다. 저승에 온 과부의 삶을 살펴본 염라대왕은 너무 가난한 나머지 세상의 좋은 것을 보지 못하고 온 것을 안타까워하며 개로 환생시켜 원래 살던 곳으로 되돌려 보냈습니다.

한편 배가 고팠던 오누이는 자기 집에 찾아온 개를 보고 얼른 잡아먹으려고 했습니다. 이때 근처를 지나던 승려가 깜짝 놀라며 남매를 말린 다음, 그 개가 어머니의 환생임을 알려 주고 환생의 이유를 설명해 주었죠. 그 이야기를 들은 남매는 자기들의 잘못을 뉘우치고

개를 데리고 세상 유람을 하러 떠납니다.

이들은 세상의 아름다운 곳과 멋진 이야기가 담겨 있는 유적지를 찾아다니며 신나게 유람을 합니다. 풍족하지는 않아도 흡족한 유람이었습니다. 유람을 마치고 집으로 돌아오는 도중 개가 문득 자기의 소원을 다 풀었다며 스스로 무덤을 파고 들어가 죽습니다. 남매는 승려의 말이 맞았다며 무덤가에서 오랫동안 어머니의 명복을 빌었습니다.

이런 이야기도 있습니다. 고려 때의 일로 세상에 치명적인 전염병이 퍼져 다섯 살짜리 아이를 홀로 두고 부모가 세상을 떠난 집이 있었습니다. 어린 나이에 고아가 된 것만 해도 안타까운데, 설상가상으로 그 아이는 눈까지 멀어 있었습니다. 그 집에는 개가 한 마리 있었는데 굶주리며 고통스러워하는 아이에게 제 꼬리를 잡게 하고 마을의 여러 집을 다니면서 동냥을 해 아이가 밥을 먹을 수 있도록 도와주었습니다. 그리고 아이가 밥을 다 먹으면 샘으로 데리고 가 물도 마실 수 있도록 해 주었죠.

이렇게 하루가 매번 반복되자 그 소문이 바람에 흔들리는 물결처럼 세상에 퍼져나갔으며, 마침내 조정에까지 전해졌습니다. 이 이야기에 감동한 왕은 개에게 높은 벼슬을 내렸고, 사람들 사이에는 자비로운 보살이 개로 환생한 것이라는 소문이 다시 일파만파 퍼져나갔습니다. 그래서 사람들은 그 개가 지나가면 모두 합장하며 큰절을 했다고 전합니다.

지금 소개한 두 이야기를 비롯해 윤회를 다룬 이야기에는 개가 자주 등장합니다. 그것은 윤회에서 사람으로 환생하기 바로 직전에 개로 환생한다는 믿음 때문입니다. 지금은 거의 사라졌지만 우리 사회에는 개를 식용으로 삼는 문화가 예부터 널리 퍼져 있었습니다. 그럼에도 일부에서는 개를 먹지 못하게 하기도 했는데, 그 이유도 윤회의 구조에서 개가 사람과 가장 가깝기 때문이었습니다.

이야기 말고 의례 속에서도 윤회의 흔적을 찾아볼 수 있습니다. 망자천도굿을 비롯해 죽은 자들을 위한 여러 의례는 대체로 윤회 사상을 토대로 하고 있습니다. 그중 하나가 불교의 중요한 의례인 수륙재입니다. 수륙재는 원한을 품고 죽은 원혼들이 좋은 세상에서 다시 태어나기를 바라며 치르는 의례입니다. 앞서 보았듯이 『서유기』에서 당 태종은 저승에 갔을 때 죽일 듯이 떼로 자신에게 달려드는 원귀들을 맞닥뜨립니다. 전쟁터에서 잔뼈가 굵었음에도 그는 혼비백산할 정도로 놀라고 충격을 받지요. 그리고 수많은 사람의 목숨을 빼앗은 자신의 잘못을 뉘우치게 됩니다.

저승에서 돌아온 당 태종은 원한을 품고 죽은 원혼들을 달래는 수륙재를 개최합니다. 삼장법사가 주관하는 수륙재가 한창 진행되고 있을 때, 하늘에 관세음보살이 나타나 수륙재를 지내기에 앞서 서쪽으로 가서 불경을 가져와야 한다고 알려 줍니다. 그리하여 서쪽으로 불경을 구하러 가는 일행이 구성되는데, 삼장법사를 비롯해 그 유명한 손오공과 저팔계, 사오정이 바로 그 주인공입니다. 다시 말해 『서유기』는 원한을 품고 죽은 원혼을 달래어 좋은 곳으로 보내 주려는 의도에서 출발한 이야기인 것이지요.

요즘에도 장례 절차 중 하나로 굳건히 남아 있는 49재 역시 망자가 육도 가운데 지옥도나 아귀도, 축생도에 떨어지지 않도록 기원하는 간절한 마음이 담긴 의례입니다. 죽으면 그만이라는 유학자들의 생각이나 영혼이란 건 없다는 오늘날의 과학적 관점이 최근 힘을 얻고 있으나, 여전히 많은 사람이 49재를 지내고 망자천도굿을 올리는 걸 보면 윤회라는 믿음 체계가 우리 문화에 얼마나 단단하게 뿌리내리고 있는지 실감할 수 있습니다.

지옥을 원한 성자와 추장

죽음 다음에 이어지는 삶에 관한 가장 강렬한 주제는 단연 천국과 지옥일 것입니다. 천국과 지옥은 특히 서양인들의 삶 전체를 지배하고 통제하기도 했고, 때때로 인생에서 가장 큰 관심사이기도 했습니다. 물론 지금도 그 믿음을 굳건하게 유지하는 사람들이 있습니다. 여전히 거리 곳곳에서 종교적 믿음을 권유하며 믿으면 천국에 가고 믿지 않으면 지옥에 간다고 주장하는 사람들을 만나게 됩니다. 그런 그들에게 천국은 어떤 곳이고 지옥은 어떤 곳인지 물어보면, 뜻밖에도 천국은 좋은 곳이고 지옥은 나쁜 곳이라는 정도의 인식만 보이는 경우가 많습니다. 그 지극한 관심의 정도에 비해 아는 것이 너무 빈약하다는 생각을 지우기 힘듭니다.

　그렇다면 천국은 과연 어떤 곳일까요? 천국과 지옥을 다룬 창작물 중 최고의 명작으로 평가받는 『신곡』을 쓴 단테는 지옥은 묘사하기 매우 쉬웠으나 천국을 묘사하기란 너무나도 어려웠다는 후기를 남겼습니다. 지옥은 당대 사람들이 살아가는 세상을 그대로 묘사하면 되었으나 천국은 그 어디에도 그 모델이 없어서 구체적으로 묘사하기 힘들었다는 내용입니다. 천국과 지옥에 관해 깊이 연구하고 두꺼운 책을 저술한 단테조차 천국을 구체적으로 묘사하기 어려웠다는 고백은 자못 흥미롭습니다.

단테에 앞서 천국과 지옥을 다룬 로마의 시인이 있습니다. 바로 베르길리우스입니다. 그의 책 『아이네이아스』에는 트로이 전쟁에서 패배한 트로이 유민을 이끌고 세상을 떠돌아야 했던 아이네이아스가 아버지를 만나러 저승으로 가는 이야기가 나옵니다. 아이네이아스는 천국에 해당하는 행복의 땅인 엘리시온과 지옥에 해당하는 타르타로스로 가는 갈림길을 지나게 됩니다. 그 장면에서 베르길리우스는 바르게 살았던 영혼이 받는 보상과 나쁜 삶을 살았던 영혼이 받는 형벌에 대해 묘사합니다. 엘리시온은 운동경기 소리, 노래와 춤 소리가 가득한 곳이지만, 타르타로스는 용암으로 둘러싸인 성채에서 채찍 소리, 족쇄를 끄는 소리, 소름 끼치는 비명 등이 들려오고 끔찍한 고문이 존재하는 곳이라고 말이죠.

천국과 지옥을 묘사하기 어려운 것은 그곳을 경험한 사람이 없기 때문이겠지요. 특히 천국은 단테의 고백처럼 비교조차 힘든 특별한 곳입니다. 이렇게 막연히 좋다고만 알려진 천국이지만 사람들은 간절히 가고 싶어 합니다. 만약 여론조사를 해서 천국과 지옥 중 어디로 가고 싶은지 물으면 100퍼센트 혹은 그와 가까운 수치로 천국이 선택되지 않을까 생각됩니다.

그런데 천국이 아니라 지옥을 선택하겠다는 사람들도 있습니다. 그 가운데 한 명은 놀랍게도 그리스도교의 성인인 아시시의 성 프란체스코입니다. 그는 자신이 쓴 유명한 기도문에서 자기를 지옥으로 보내 달라고 하는데 그 이유가 자못 놀랍습니다. 자기가 아는 많은 사람이 지옥에 있기에 자신이 지옥으로 가서 그들에게 신의 말씀과 가르침을 전하여 천국으로 인도하고 싶기 때문이랍니다.

한번 이런 상황을 생각해 보세요. 만약 여러분이 운 좋게 천국에 갔는데 살면서 알고 지내던, 또는 아끼던 사람들은 모두 지옥에 간 거예요. 한 명도 예외 없이 모두 함께 즐거운 천국 생활을 할 수 있다면 좋겠으나 그리스도교의 천국에 가려면 반드시 자격을 갖추어야 합니다. 올바른 생각과 선한 행동을 했다고 모두 갈 수 없어요. 그리스도교의 신을 믿고 그 가르침을 반드시 따라야 합니다. 하지만 사람들의 생각은 얼굴만큼이나 다르기 마련입니다. 생전에 아무리 훌륭한 사람이었더라도 신을 믿지 않거나 그 가르침을 따르지 않았다면 지옥으로 갈 수밖에 없는 것입니다.

지옥에나 떨어지라고 비난하던 사람이라면 모를까, 자신과 함께 울고 웃으며 정답게 지내던 사람들이 지옥에 있다는 사실을 천국에서 알게 되었다면, 과연 그곳은 천국이 맞을까요? 천국에 온갖 산해진미와 즐길 거리가 많더라도, 마음이 불편한 곳이 유쾌하고 즐거울 수 없다는 것을 우리는 너무나도 잘 알고 있습니다.

쿠바 동쪽에 자리한 히스파니올라섬의 추장이던 아투에이의 이

단테의 『신곡』에 묘사된 지옥의 모습을 표현한 요제프 안톤 코흐의 그림입니다. 지옥은 상상하기 쉬워서 많은 그림이 그려진 반면, 천국을 그린 작품은 드뭅니다. 여러분이라면 천국을 어떻게 그리실 건가요?

야기도 생각해 볼 부분이 많습니다. 그는 마을 사람들을 이끌고 스페인 침략에 맞서 싸우다가 사로잡혀 화형을 선고받습니다. 이때 스페인의 종군 신부가 아투에이에게 세례를 받고 그리스도교 신자가 되라고 권유합니다. 그러면 죽더라도 천국에 갈 수 있다고 말이죠.

그러자 아투에이가 종군 신부에게 이렇게 묻습니다. "그리스도교 교인들도 천국에 가게 되느냐?" 신부는 선량한 그리스도교 교인은 천국에 간다고 대답합니다. 그러자 그 즉시 아투에이는 자기는 천국에 가고 싶지 않다고, 이처럼 잔인한 사람들을 다시 만나지 않기 위해서 차라리 스페인 사람들이 없는 지옥에 가겠다고 대답합니다.

프란체스코나 아투에이의 논리를 따르면 천국은 천국이 아니고, 지옥도 지옥이 아니게 됩니다. 누가 거기에 있느냐에 따라 같은 장소가 천국도 될 수 있고, 지옥도 될 수 있다는 거지요. 그렇다면 천국과 지옥은 본질적으로 구분되지 않는 걸까요? 그렇지만 둘을 구분할 수 없다면, 천국과 지옥의 존재 이유는 사라지고 말 것입니다. 이러거나 저러거나 천국과 지옥은 모순에 놓여 있는 셈이 됩니다.

천국과 지옥을 설파하고 있는 사람들에게 진지하게 묻고 싶습니다. "과연 천국과 지옥은 어디에 있나요? 그리고 어떤 모습인가요?"

6

사랑과 음식
그리고 죽음

죽음에 관심이 생긴 이후 늘 궁금했던 것 가운데 하나는 인류가 어떻게 죽음을 받아들이게 되었을까 하는 것입니다. 천국과 지옥, 윤회 같은 아이디어는 이미 죽음을 인정하고 받아들인 이후에 나온 것입니다. 과연 인류는 처음부터 죽음을 순순히 받아들였을까요? 어느 순간 죽음을 받아들이게 되었다면 그 이유는 무엇일까 궁금했던 거죠.

이 물음의 해답을 찾기 위한 탐구는 철옹성이던 트로이의 굳건한 장벽을 무너뜨리고 세상을 널리 떠돌았던 고대 그리스의 영웅 오디세우스의 모험 이야기 가운데 한 대목에서 시작해 보겠습니다. 오디세우스는 10여 년 동안 아무리 공격해도 무너지지 않던 트로이를 목마에 병사들을 숨긴 속임수를 사용해서 무너뜨리고 트로이 전쟁을 그리스 연합군의 승리로 이끌었습니다. 전쟁이 끝난 뒤 그리스 연합군에 속했던 다른 사람들은 오랫동안 만나지 못한 가족이 기다리는 집으로 돌아갔습니다. 하지만 오디세우스는 바다의 신 포세이돈의 노여움을 사는 바람에 그의 귀환을 간절히 기다리는 아내 페넬로페의 바람에도 불구하고 곧바로 집으로 돌아갈 수 없었습니다.

오디세우스는 세계를 떠도는 과정에서 고대의 바다 곳곳에 사는 괴물과 마녀를 만났고, 그때마다 부하들을 하나둘 잃었습니다. 마침내 서쪽 끝에 있는 오기기아섬에 도착했을 때 오디세우스는 혼자였습니다. 오기기아섬은 아름다운 여신 칼립소가 홀로 오랫동안 파도와 바람만을 느끼며 외롭게 사는 섬이었습니다. 따라서 그리스 영웅이며 남성인 오디세우스의 방문은 엄청난 사건이었죠.

신이 될 수 있는 음식을 거부하다

떠돌이 남자와 외로운 여자는 파도와 바람의 중개 없이도 서로를 이해했고, 서로의 몸과 마음을 쉽게 받아들였습니다. 그렇지만 떠돌이는 마음이 늘 허전하고 황량한 탓에 어디든 깊이 뿌리를 내리지 못하는 법이지요. 오디세우스도 늘 바다 너머를 향한 그리움을 숨기지 않았습니다. 전하는 말에 따르면, 오디세우스는 매일 높은 곳으로 올라가서 배 없이는 건널 수 없는 바다를 하염없이 바라보며 말없이 앉아 있다가 밤이면 칼립소의 집으로 돌아와 함께 잠자리에 들었다고 합니다.

한편 오랫동안 깊은 외로움에 빠져 있던 여신 칼립소는 자기 품에 날아든 멋진 오디세우스를 언제까지고 품고 싶었던 모양입니다. 사무치는 외로움을 느껴 본 사람은 깊은 믿음 없이는 관계가 오래가지 않는다는 것도 잘 알고 있습니다. 곁에 같이 있는 이가 언제 떠나갈지 모른다고 의심하고 또 의심하기 마련이죠.

칼립소는 오랜 생각 끝에 하나의 결론에 다다랐습니다. 오디세우스를 신으로 만드는 것이 그를 의심하지 않고 영원히 품을 수 있는 유일한 방법이라고 말이죠. 그래서 칼립소는 조심스럽게 오디세우스에게 신이 될 것을 제안했습니다. 신이 되기 위해서는 신들의 음료인 넥타르와 신들의 음식인 암브로시아를 먹기만 하면 된다고, 매우 간단한 일이라고 덧붙여 말했습니다.

그러나 오디세우스는 잠깐의 망설임도 없이 호의는 고맙지만, 신이 되는 것은 거부한다고 대답했습니다. 그리고 이제부터 음식을 먹지 않겠다고 선언합니다. 신이 될 마음도 없고 혹시라도 원하지 않게 신이 되지도 않겠다는 의미였죠. 칼립소는 절망스러웠으나 영원한 시간을 사는 여신답게 포기하지 않고 천천히 오디세우스를 설득하기로 마음을 먹습니다.

그러나 오랜 세월 방랑하며 다져진 오디세우스의 의지는 굳었습니다. 그는 고향으로 돌아가 늙어 죽겠다는 마음을 바꾸지 않았습니다. 이를 지켜보던 제우스는 전령인 헤르메스를 보내 칼립소를 설득했고, 그녀는 결국 자기의 희망을 포기하고 오디세우스에게 뗏목 만드는 방법을 알려 줍니다. 오디세우스는 신이 될 길을 미련 없이 버리고 곧바로 칼립소가 알려 준 대로 뗏목을 만들어 오기기아섬을 떠납니다.

그리스 신화를 보면 신이 되는 방법은 매우 간단합니다. 신들이 마시는 음료를 마시고 그들이 먹는 음식을 먹기만 하면 되죠. 한국 사람이 예부터 잘했다는 음주와 가무에서 춤은 빼고 먹고 마시기만 하면 되니 어렵지도 않은 것 같습니다. 음료인 넥타르와 음식인 암브로시아가 어디에 있는지 모른다는 것만 빼면 말이죠.

장수와 영생불사를 꿈꾸었던 중국 최초의 황제 진시황은 신이 되게 해 주는 음식을 찾아오라며 사방으로 신하들을 보냅니다. 그 가운데 서복이라는 자는 제주도까지 왔다고 합니다. '서복이 왔다가 서쪽으로 돌아간 포구', 즉 오늘날에도 사용되는 서귀포西歸浦라는 지명은 그의 이름에서 유래했지요. 진시황은 진즉에 죽어 무덤에 들어갔으나 진시황과 서귀포라는 이름은 수천 년을 건너 지금도 살아 있습니다. 인간의 관점에서 영원히 산다는 것은 이런 것이 아닐까 합니다.

음식과 삶과 죽음

오디세우스는 먹지 않음으로써 신이 되지 않았으나, 사실 사람은 먹지 않으면 죽음에 이르게 됩니다. 사람은 육체와 정신으로 이루어져 있는데 육체가 작동하지 않으면 정신도 작동하지 않게 되는 거죠. 그리고 우리는 육체 없이 작동하는 정신을 유령이라고 부릅니다.

육체를 움직이고 작동시키기 위해서는 그 연료가 되는 음식이 필요합니다. 그렇다면 우리는 먹지 않고 얼마나 살 수 있을까요? 1981년 북아일랜드 독립 투쟁을 벌이다 수감된 IRA 조직원들이 일반 범죄자가 아닌 정치범 대우를 해 달라고 요구하며 벌인 아일랜드 단식 투쟁 때, 물만 마시고 음식을 먹지 않는 사람은 평균 60일이 지나면 죽음에 이른다는 것이 확인되었습니다. 이때 가장 오래 버틴 사람이 73일을 살았습니다. 여기에 물까지 마시지 못하면 생존 기간은 일주일 이내로 확 줄어듭니다.

몸을 움직일 에너지를 만드는 음식을 먹지 않으면 몸을 움직일 수 없는 상태, 즉 죽음에 이르게 되는 것은 분명합니다. 이렇게 보면 사람은 기름을 넣어야 움직이는 자동차나 전기를 꽂아야 작동하는 전자제품과 다를 것이 없어 보입니다.

현재 확인된 가장 오래전 고대 인류는 2001년에 화석이 발견된 사헬란트로푸스 차덴시스입니다. 인류학과 유전생물학 등의 연구 성과에 따르면 1500만 년 전에는 고대 인류를 포함해서 고릴라, 오랑우탄, 침팬지 등 오늘날 존재하는 모든 영장류의 기원이 된 공통 조상이 있었다고 합니다. 그러다 시간이 지나면서 자식이 독립해서 집을 나가듯 하나둘 갈라져 나왔습니다. 그리고 700만 년 전에 마지막으로 침팬지와 인류가 갈라졌고 사헬란트로푸스 차덴시스라는 이름을 가진 고대 인류가 등장하게 됩니다(실제로는 독립한 게 아니라 기후 변화가 일어나 밀림에서 쫓겨난 것입니다만).

700만 년 전, 최초의 인류가 첫걸음을 떼어 놓았을 때 어떤 모습이었을지는 지금도 그때와 거의 다름없이 살아가는 침팬지를 통해 짐작할 수 있습니다. 오늘날 침팬지를 연구하는 목적 가운데 하나는 고대 인류의 모습을 알기 위함입니다. 침팬지는 그때나 지금이나 살아갈 에너지를 얻기 위해 대체로 과일이나 채소를 먹습니다. 그리고 가끔 운이 아주 좋으면 꿀, 곤충, 새, 알, 작은 포유류 동물을 먹기도 하고, 달리 먹을 것이 없으면 흙을 먹기도 합니다. 아마 고대 인류도 이와 별반 다르지 않았겠지요. 침팬지나 고대 인류나 먹어야 생존할 수 있는 생물이니까요.

고대 인류의 먹을거리에 변화가 생긴 것은 약 330만 년 전부터 시작된 석기 사용 이후부터입니다. 석기를 사용하면서 뼈에 붙은 고기를 발라내거나 뼈를 쪼개서 골수를 먹을 수 있게 됩니다. 세월이 흐르면서 차츰 석기가 정교해졌고, 사냥을 통해 먹을거리의 종류가 늘어났으며, 마침내 불을 활용할 수 있게 되면서 혁명과도 같은 변화가 발생합니다. 굽기와 삶기, 끓이기 등 음식을 조리하는 방법이 다양해졌기 때문입니다.

불을 사용함으로써 먹을거리의 가짓수가 늘어나고, 음식을 익히고 오래 보존할 수 있게 되면서 고대 인류는 이전보다 더 건강해집니다. 익힌 음식은 소화가 잘돼 영양 섭취를 도와주었고, 해로운 세균을 비롯해 보이지 않는 위협 요소들도 획기적으로 줄어서 질병에 걸릴 확률도 낮아졌지요.

그리고 음식을 익히고 끓이기 위해 토기와 같은 그릇도 만들었습니다. 이렇듯 석기와 불의 사용은 먹어야 생존할 수 있는 고대 인류의 음식 문화와 삶을 크게 바꾸어 놓았습니다. 또 소화가 쉬워지면서 소화기관인 장이 짧아진 덕분에 고대 인류의 모습도 달라집니다. 이전까지는 침팬지와 닮은 모습이었으나 점점 몸이 길쭉해지면서 오늘날의 우리와 비슷해지기 시작했지요.

이렇게 잘 먹고 키가 커지는 등 신체에 변화가 생기면서 고대 인류는 생존에 더 유리해졌고, 이런 과정이 오랜 시간에 걸쳐 누적되면서 마침내 최상위 포식자에 이르게 됩니다. 침팬지는 700만 년 전이나 지금이나 거의 변함없이 살고 있으나 인류는 완전히 다른 존재라고 해도 좋을 정도로 크게 달라졌지요. 그리고 지구 역사 46억 년 만에 처음으로 호모 사피엔스라는 단일종이 압도적으로 세계를 지배하는 시대가 되었습니다. 이제까지 봤듯 고대 인류의 생존과 성공은 먹는 것과 관련이 깊습니다. 그리고 먹는 것은 죽는 것과도 연결돼 있습니다. 이제 그 이야기로 넘어가 보도록 합시다.

천국은 잘 먹는 곳

우리 인류는 잘 먹어서 현재의 자리에 와 있고 지금도 우리는 끊임없이 잘 먹으려고 합니다. 그런데 잘 먹는다는 것은 무엇일까요? 적어도 지금은 많이 먹는 게 잘 먹는 것이라고 생각하지는 않는 것 같습니다. 그보단 맛있고 몸에 좋은 음식을 적당히 먹는 걸 선호하지요. 또 지금은 다이어트가 평생 추구해야 할 미덕이 되기까지 했다는 점에서 더욱 그렇습니다.

그러나 인류의 역사 전체를 조망해 보면 이런 생각이 최근에 생긴 것임을 알 수 있습니다. 왕족이나 귀족 같은 소수를 제외하면, 먹

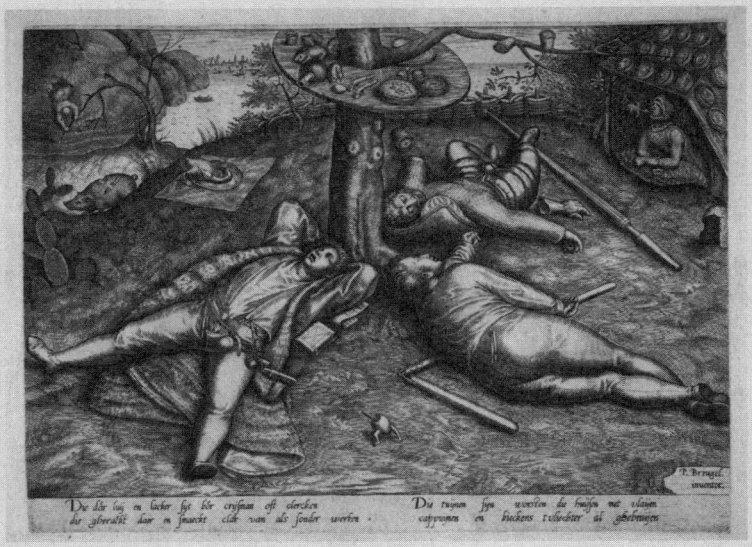

피터르 브뤼헐의 <게으름뱅이의 천국>. 우리는 먹어야 살 수 있고, 먹지 못하면 죽습니다. 먹을거리가 부족했던 시대에는 언제든 배불리 먹을 수 있는 곳이 천국으로 여겨진 것도 이상하지 않습니다.

을거리를 향한 인류의 상상력은 오랫동안 양의 영역에서 벗어나지 못했거든요. 잠깐 그 과정을 살펴보죠.

인류는 700만 년에 이르는 긴 시간 동안 대부분 떠돌아다니며 수렵과 채집으로 먹을거리를 마련했습니다. 이 오랜 생활 방식은, 긴 빙하기였던 플라이스토세가 끝나고 기후가 안정적으로 바뀐 홀로세(약 1만 1700년 전~현재)에 접어들며 큰 전환을 맞이합니다. 안정된 기후 아래 살면서 인구가 늘자, 그들의 배를 채우기 위한 먹을거리 확보가 절실해졌습니다. 그에 따라 인류는 정착하여 농사를 짓는 방식으로 생계 수단을 변경하게 됩니다. 이 선택은 인류가 오랜 세월 동안 꿈꿔 오던 것을 이루어 주었습니다. 풍요롭지는 않으나 생존을 위한 기본적인 먹을거리를 제공해 준 것이지요.

농사를 짓기 위해 많은 사람이 모여 살게 되면서 함께 살기 위한 여러 문화적 장치와 사회 제도도 만들어졌습니다. 일례로 농업은 사람의 노동 외에도 날씨가 매우 중요하기 때문에 날씨를 관장한다고 여기는 신을 향한 숭배가 시작되었고, 욕구가 서로 다른 사람들이 덜 다투고 더 평화롭게 살도록 축제 같은 의례나 갈등 조정을 위한 정치 제도와 법 등이 마련되었지요.

모여 살게 되면서 이른바 '집단 지성'이라는 게 형성되어 더 잘 먹을 방법도 여러모로 강구되었지만, 먹을거리는 사실상 늘 부족했습니다(현재는 지구인이 모두 먹을 수 있는 만큼 음식물이 생산되며 굶주리는 사람이 있는 건 분배의 문제일 뿐입니다). 16세기의 네덜란드 화가 피터르 브뤼헐이 그린 명작 〈게으름뱅이의 천국〉에는 많이 먹어서

뚱뚱한 사람들이 편하게 누워 있는 모습, 노릇노릇 잘 구워진 돼지가 사람의 손길을 기다리며 언제든 자신을 베어 먹을 수 있도록 칼까지 달고 다니는 모습, 파이로 만들어진 지붕 등이 묘사되어 있습니다. 그것이 16세기 네덜란드 사람들이 꿈꾸던 천국의 이미지였던 거죠. 지금은 그 천국의 모습이 어딘가 익숙하지 않나요? 오늘날의 대형마트가 바로 그 천국과 가까워 보입니다. 돈을 내야 천국을 누릴 수 있다는 점이 좀 걸리기는 하지만, 16세기 네덜란드인이 꿈꾸던 천국은 이미 실현되었습니다.

이제는 과거의 관용구가 되어 버린 감이 있지만, '쌀밥에 고깃국'이나 '금강산도 식후경'이라는 말이 있을 정도로 우리나라 사람들도 늘 먹을거리를 꿈꾸었고, 먹는 일은 그 무엇보다 우선하는 것이었습니다. 역시나 먹을거리가 넉넉하지 않았기 때문이죠.

먹을거리만 놓고 보면, 과거에는 결핍의 상상력이 대세였다면 오늘날에는 과잉의 상상력이 우리를 지배하고 있습니다(기성세대와 젊은 세대의 생각이나 가치관이 다른 것은 이 때문인지도 모릅니다). 즉 먹을거리가 풍족한 지금은 지극히 평범한 사람조차 고대의 왕이나 근대의 귀족보다 훨씬 잘 먹고 있습니다. 과거에는 100년 손님이라는 사위가 와야 닭을 먹었으나(그것도 한 마리로 온 식구가 함께 먹었죠), 오늘날에는 질리지만 않는다면 대부분 큰 경제적 부담 없이 매일 1인 1닭도 가능한 시대가 되었죠. 고기 소비량은 크게 늘어서, 2023년 기준으로 한국인 1인당 쌀은 56.4kg을 먹었는데 고기는 60.6kg(그중 닭은 15.7kg)을 먹었습니다. 이미 몇 년 전부터 한국인의 주식을 쌀이라고 부를 수 없는 상황이 되었습니다.

농사를 짓고 가축을 기르기 시작한 이래 이렇게 먹는 일에 큰 변화가 일어난 건 산업혁명 이후의 일입니다. 산업혁명이 불러온 변화의 핵심은 '대량생산과 대량소비'입니다. 이 변화가 공산품뿐 아니라 먹을거리에서도 일어난 것이죠. 여전히 굶주리는 사람이 있기는 하지만 현대 인류는 다이어트약 개발이 큰 화제가 될 정도로 많이 먹고 있습니다. 오직 먹는 것만을 기준으로 삼는다면 현대 인류는 고대 인류가 간절하게 희망하고 상상했던 것보다 훨씬 더 잘 살아가고 있습니다. 우리는 이미 죽지 않고도 천국에서 사는 셈이죠.

우리는 먹는 대로 산다, 먹는 대로 바뀐다

과거의 기준으로 보면 우리는 왕보다 더 다양하고 맛있는 음식을 더 많이 먹고 있습니다. 하지만 많이 먹는 것이 잘 먹는 것은 아님을 이미 앞에서 간단히 언급했습니다. 잘 먹는다는 것에는 다른 의미가 있는 것이 분명하죠. 그 의미를 향해 한 걸음 다가가 보겠습니다.

앞에서 살펴보았듯이 오디세우스가 신이 되는 방법은 신의 음료와 신의 음식을 먹는 것이었습니다. 오디세우스의 모험담 중에는 먹는 것이 변화로 이어진 이야기가 또 하나 나옵니다. 그가 바다를 방랑하는 도중 마법을 부리는 여신 키르케가 사는 신비의 섬 아이아이에에 도착했을 때의 일입니다. 오디세우스가 보낸 부하들이 키르케의 궁전에 도착하자 그녀는 그들에게 포도주에 치즈와 꿀, 보리가루를 섞은 맛있는 음료를 내어 줍니다. 사람을 짐승으로 만드는 사악한 마법 약을 섞어서 말이죠.

대장이었던 에우릴로코스를 제외한 부하들은 이 음식을 부주의하게 받아먹자마자 끔찍한 변화를 겪습니다. 키르케가 지팡이로 그들을 내리치자 곧장 꿀꿀거리는 소리를 내는 돼지로 변해 버린 것이죠. 그들은 돼지의 외형을 가졌으나 인간의 이성은 그대로 간직한 채, 눈물을 흘리며 우리에 갇히는 신세가 됩니다.

지브리의 유명한 애니메이션 〈센과 치히로의 행방불명〉에도 비슷한 이야기가 나옵니다. 주인공 치히로 가족은 이사하던 도중 낡은 터널을 지나 신비로운 마을에 도착합니다. 그곳에서 치히로의 부모님은 길가의 음식점에 차려진 진수성찬을 아무런 의심 없이 마구 먹어 치웁니다. 그렇게 음식을 먹는 동안 부모님의 얼굴은 점점 돼지처럼 변하기 시작하더니 이내 완전히 돼지가 되어 버리고, 그들은 곧 돼지우리에 갇히고 맙니다. 오디세우스의 부하들과는 다르게 치히로의 부모님은 겉모습뿐 아니라 마음까지 돼지가 되고 말죠.

이처럼 우리는 뭔가 잘못 먹으면 자기를 잃고 다른 것이 될 수도 있습니다. 이런 경우 주로 돼지로 변하곤 합니다. 당연한 얘기지만 이때 돼지는 실제 돼지라기보다는 은유로서의 돼지입니다. 돼지는 풍요와 다산을 상징하기도 하지만 한편으로 탐욕과 이기주의를 상징하지요. 음식을 먹고 돼지로 변했다는 것은 탐욕과 이기주의에 빠진 존재가 되었다는 의미라고 할 수 있습니다.

이런 돼지가 되지 않으려면 먹을 것과 먹지 말아야 할 것을 잘 구분해야 합니다. 오늘날 그 구분의 기준은 단연 건강일 것입니다. 철학자 니체가 언젠가 건강이 신이 될 것이라고 예언했는데 지금 실제로 그렇게 된 듯합니다. 과거 사람들이 늘 신을 입에 달고 살았다면 현대인은 건강을 입에 달고 삽니다. 과거에는 '신의 가호가 함께하기를' 하고 인사했다면 요즘에는 '늘 건강하시기를'과 같은 식으로 인사를 하니까요.

유튜브를 봐도 음식에 관한 영상 중에 상당수가 음식을 건강과 연관 짓고 있습니다. '의사가 먹지 말라는 X가지 음식', '먹으면 ○○병에 걸리는 음식'처럼 협박성 영상도 있고, 이미 시작된 초고령 사회를 반영하듯 '장수를 위한 음식', '먹으면 치매를 방지하는 음식'처럼 노화를 걱정하는 사람을 유혹하는 영상도 많습니다. 이런 영상들은 한목소리로 잘 먹어야 잘 산다는 메시지를 전달하고 있습니다.

그런데 목적이 건강이든 장수든 행복이든, 잘 먹어야 한다고 할 때 '잘 먹는다'는 것의 의미는 정말 무엇일까요? 한쪽에서는 여전히 상다리가 휘어질 정도로 많이 차려서 먹는 것이 잘 먹는 것이라고 말하고 있고, 이와 대척점에서 양이 아니라 맛과 멋을 중시하는 사람도 있으며, 양이나 맛보다는 건강에 좋은 음식을 먹는 것이 잘 먹는 것이라는 목소리도 있습니다. 최근에는 간헐적 단식처럼 안 먹는 것이 잘 먹는 것이라는 주장까지 나와 있는 상태입니다.

이렇게 의견이 분분할 때는 본질부터 따져야 길이 보이기 시작합니다. 즉 '잘 먹는다'에서 '잘'을 떼어내고 '먹는다'에 관해 다시 검토

해 보는 것이죠.

그를 위해 관점을 행위에서 대상으로 조금 틀어 보죠. 즉 인류가 먹어 온 것으로 눈길을 돌려 보자는 것입니다. 앞서 고대 인류가 석기 덕분에 더 많이 먹을 수 있게 되고 불 덕분에 조리 방법이 다양해졌다는 것을 알아보았습니다. 이때 새로 더 많이 먹게 된 대상은 동물입니다. 다시 말해 석기와 불을 사용하면서 인류는 더 많은 동물을 잡아 그 고기를 더 효율적으로 먹을 수 있게 되었다는 뜻입니다.

고인류학과 진화생물학의 연구 성과에 따르면 인류가 먹이사슬에서 최상위 포식자 위치에 오른 것은 뇌의 용량 크기와 관련이 있다고 합니다. 700만 년 전 고대 인류는 침팬지와 마찬가지로 뇌 용량이 평균 390cc였습니다. 하지만 현재에 이르러 침팬지의 뇌 용량은 여전히 390cc에 머물러 있는 데 반해 인류의 뇌 용량은 평균 1350cc까지 커진 상태입니다. 이 차이를 만들어 낸 핵심은 육식입니다. 뇌 용량을 키우는 데 육식이 큰 역할을 했다는 것이지요.

오래전이나 지금이나 침팬지는 과일이 주식이지만, 석기와 불을 사용하기 시작한 이래 고대 인류는 적은 양을 먹어도 큰 에너지를 주는 고기를 이전보다 더 많이 먹을 수 있었습니다. 다만 고기가 인류의 주식이 되었다는 뜻은 아닙니다. 단지 고기를 먹는 횟수와 양이 늘었다는 얘기입니다.

이렇게 육식이 늘면서 고대 인류는 보다 많은 에너지를 얻게 됩니다. 그리고 사자나 호랑이 같은 맹수가 새로운 먹이를 사냥하기 위해 날카로운 발톱이나 이빨, 다리 근육 등에 남는 에너지를 투자할 때,

고대 인류는 뇌 용량을 늘리는 데 투자했습니다. 이 투자 전략이 인류의 뇌 성능을 동물 가운데 최고로 끌어올렸고, 현재는 맹수를 동물원에 가두고 머나먼 우주에 탐사선을 보내는 힘으로까지 이어졌지요.

한마디로 육식이 인류를 최고의 포식자 자리에 올린 일등공신이라는 말입니다. 물론 여기서 말하는 육식이란 한 해에 고기를 60kg 이상 먹어 치우는 것처럼 폭력적인 육식을 가리키는 것은 아니니 혹시 채식을 선호한다고 해서 도끼눈을 뜨고 바라보지 말아 주시기 바랍니다.

우리는 죽음을 먹는다

영양가 높은 고기를 불을 이용해 조리해서 효율적으로 섭취한 덕분에 인류가 번성할 수 있었다는 점에서 잘 먹는 것이 무엇이냐는 물음에 대한 답의 하나로 육식을 제시해도 좋을 듯합니다. 육식 이야기를 조금 더 들려드리겠습니다. 한편으로 육식에 관한 이야기는 그 반대쪽에 있는 채식에 관한 이야기가 되기도 합니다.

애초에 고대 인류는 고기를 먹는 포식자이기보다는 고기가 되는 사냥감이었습니다. 운이 좋을 때 벌레나 조그만 동물을 먹을 수 있었을 뿐이었으니까요. 육식이라고 부르기에 민망하지만, 맹수들이 먹다가 남긴 뼈에 조금 붙어 있는 고기 조각이나 뼛속에 있는 골수를 먹게 된 것도 고대 인류가 종으로서 독립하고 수백만 년의 시간이 흘러 석기를 사용하기 시작한 뒤의 일입니다.

석기를 사용하고 불을 활용할 수 있게 되면서 비로소 고대 인류는 사냥꾼의 신분도 얻게 됩니다. 물론 여전히 사냥감이기도 했습니다. 인류의 긴 역사에 비하면 아주 최근에 해당하는 조선 시대에 이르러서도 천연두(마마)와 함께 가장 무서운 것으로 꼽히던 것이 호랑이에게 변을 당하는 호환일 정도였으니까요. 먹고 먹히는 자연의 법칙은 쉽게 벗어날 수 있는 게 아니었습니다. 다행히 현재 인류는 그 법칙을 극복해 냈습니다. 대신에 먹고 먹히는 것은 인간 사이의 법칙이 되고 말았죠. 토머스 홉스의 말처럼 "인간은 인간에게 늑대Homo homini lupus est"가 되어 은유적인 의미로 서로 잡아먹고 있으니까요.

다시 육식으로 돌아가 보죠. 우리 모두 너무 잘 알고 있듯이 육식을 위해서는 죽은 동물이든 죽인 동물이든 육식의 대상이 되는 동물이 있어야 합니다. 여기서 주목하고 싶은 부분은 육식이 '죽은 것'을 먹는 행위라는 점입니다. 직설적으로 말하면 고기를 먹는 것은 주검(죽음)을 먹는 일입니다. 사실 곰곰이 따지면 이는 채식도 다르지 않습니다. 동물과 식물 모두 생명체라는 점에서 다를 바가 없으니까요.

동물권을 주장하는 철학자 피터 싱어나 여러 채식주의자의 주장처럼 동물은 감정을 지니고 있으니 채식이 더 윤리적이라는 주장에도 일리가 있으나, 여기서는 육식과 채식을 구분하지 않고 먹는 일이란 동물이든 식물이든 죽은 생명을 먹는 행위라는 점을 전제로 하고 이야기를 이어가겠습니다.

우리 모두 먹지 않으면 죽음에 이르기 때문에 살기 위해서는 고기든 식물이든 먹어야 한다는 것은 아무도 부정하지 않습니다. 잘 알려진 것처럼 사람은 육식동물도 아니고 채식동물도 아닙니다. 700만 년 전부터 그랬듯이 생존을 위해 먹을 수 있는 것은 다 먹어 온 잡식동물입니다. 그렇게 인류는 예부터 지금까지 계속 죽음을 먹어 왔습니다.

식인의 기원

사랑하면 닮는다는 말이 있습니다. 사랑하면 자꾸 마음과 눈길이 가서 상대방의 취향과 관심사에 익숙해지고, 함께 먹고 경험하는 시간이 쌓이다 보면 저절로 닮아 갈 수밖에 없으니까요. 따라서 사랑하면 닮는다는 것은 거창한 비밀이 아니라 너무나 당연한 생활 논리인 셈입니다. 참고로 사랑의 반대편에 있는 증오도 깊은 관심이라는 점에서 비슷하게 닮는 효과를 발휘합니다.

이런 맥락에서 예부터 자기를 향한 가장 오래되고 매우 중요한 물음 가운데 하나인 '나는 누구인가?'의 대답은 '내가 사랑하는 것(또는 증오하는 것)은 무엇인가?'에서 찾을 수 있습니다. 이와 마찬가지로 소크라테스의 인용으로 유명해진 '너 자신을 알라'라는 말이나 '인간은 무엇인가?'와 같은 근원적인 물음 또한 같은 방식으로 탐색해 볼 수 있습니다.

이 논리를 우리가 지금 이야기하고 있는 주제에 적용하면 '우리가 먹는 것을 보면 우리를 알 수 있다'는 명제를 끄집어낼 수 있습니다. 이 명제를 더 확대하면 '우리가 사랑해서 즐겨 먹는 것이 바로 우리'라는 말도 성립됩니다. 실제로도 우리가 사랑하고 좋아하기에 늘 먹는 것이 우리를 만듭니다. 그것이 우리의 살과 뼈와 피를 만들고 때로는 병을 키우기도 합니다.

이런 사고가 극단적인 형태로 드러난 것이 식인 풍습입니다. 식인은 특히 오해를 많이 불러일으키는 풍습입니다. 사람이 사람을 먹는 행위이기에 잔혹하고 끔찍한 일이라는 판단이 즉시 강하게 작동하여 그 유래와 의미에 대해 더 알아보는 것을 주저하게 하거나 막기 때문입니다.

인류학적으로 보면 식인 풍습은 여러 가지 이유에서 행해졌습니다. 대기근으로 먹을 것이 없을 때 살아남기 위해 행해지기도 했고, 적에게 복수한다는 의미로 이루어지기도 했으며, 병을 치료하는 방법으로 시행되기도 했습니다.

그렇지만 식인은 본래 죽은 자의 위대한 인격을 물려받고 싶거나 그를 잊지 않고 영원히 기억하려는 방편으로 시작된 행위입니다. 사회계약론을 주장한 장 자크 루소는 자신을 타인과 동일시하려는 감정에서 사회적 삶의 기원을 찾았는데, 그 감정을 구체적으로 드러낸 행동 가운데 하나로 식인 풍습을 들 수 있는 것이죠. 깊이 사랑(증오)하는 사람과 하나가 되는 가장 극단적인 방법으로 그 사람을 먹는 것이지요.

한편 육식을 하면서 식인을 향해서는 극렬하게 부정적인 시선이나 무조건적 혐오 의견을 내는 사람들은 인간중심주의라는 비판을 들을 여지도 있습니다. 자연이라는 관점에서 보면 동물의 살을 먹는 것과 사람의 살을 먹는 것이 크게 다를 것이 없기 때문이지요. 또 육식을 위해 고기를 생산하려는 목적만으로 동물을 좁은 우리에 가두고 고통을 주고 학대하는 행위의 야만성 또한 우리가 해결해야 할 과제로 떠오른 지 오래입니다.

살기 위해 먹고 먹기 때문에 죽는다

이제까지 죽음과 음식의 상관관계를 밝히기 위해 먼 길을 빙 돌아왔습니다. 그 과정에서 고대부터 현재까지 인류는 살기 위해 먹어야 했고, 잘 먹은 덕분에 문화와 문명을 만들어 냈으며, 사실 우리는 죽음을 먹어 왔다는 작은 결론을 얻었습니다.

우리는 자신이 죽는다는 것을 모두 알고 있습니다. 오늘날 많은 사람이 즐기는 게임이나 영화, 웹툰과 같은 문화 콘텐츠에서는 죽음이 매우 흔합니다. 심지어 많이 죽여야 성장하고 성공할 수 있다는 내용을 담고 있는 것도 많지요. 그래서일까요? 우리 모두 타자의 죽음에 조금은 무덤덤해진 듯 보이기까지 합니다. 죽음이 본인이나 자기 주변의 일이 되어야 비로소 실감이 난다고 할까요? 어쨌든 죽음은 좀비처럼 무심한 표정으로 우리 주변을 어슬렁거리며 돌아다니고 있는 듯이 보입니다.

알제리 타실리나제르 지역 암벽에 그려진 고대 인류의 사냥 모습. 인류는 기술과 협력 수준이 발달하면서 점차 많은 동물을 사냥할 수 있게 되었습니다. 그렇게 동물을 죽이고 죽은 동물들을 먹으면서, 사람들은 죽음이란 무엇인지에 대해서도 생각이 늘지 않았을까요?

언제부터 고대 인류가 죽음을 자각하게 되었는지 알 도리는 없습니다. 맹수에게 사냥당해 단번에 죽었다면 죽음을 알아차릴 새도 없었겠지요. 그렇지만 병에 걸려 서서히 죽거나(호모 사피엔스 이전에 살았던 인류인 네안데르탈인의 뼈에서 치료의 흔적이 발견되기도 했습니다) 정말로 운 좋게 노화로 죽는 경우가 있었다면, 그들은 과연 그 죽음을 어떻게 받아들였을까요?

죽음이라는 인식이 없던 때에는 더 움직이지 않는 차가운 신체를 의아하게 여기며 흔들어 보기도 하다가 반응이 없으면 그대로 두고 떠났을지도 모르겠습니다. 그리고 언젠가부터 사람이 죽고 나면 더 이상 함께 할 수 없다는 것을 깨달았을 수도 있겠지요. 고대 인류가 죽음을 어떻게 인식했는지는 확실히 알 수 없지만, 오늘날의 우리 모습을 통해 추적해 보죠.

불행한 상상이지만, 한창 건강하게 잘 살다가 갑자기 시한부 판정을 받는다고 가정해 봅시다. 마른하늘에서 벼락이 치는 듯한 소식이 되겠죠. 그런 상황에서 우리는 어떻게 죽음을 인식하고 받아들일까요?

죽음학의 선구자 가운데 한 명인 엘리자베스 퀴블러 로스는 임종을 앞둔 많은 사람을 인터뷰한 뒤 우리에게는 죽음을 받아들이는 5단계가 있다고 말했습니다. 부정-분노-타협-우울-수용이 그것입니다. 갑자기 찾아온 죽음을 받아들일 수 없다고 거부하고, 왜 자신이 죽어야 하는지에 대해 분노하다가, 과거에 저지른 잘못을 떠올리거나 노화 등의 여러 이유로 죽어야 한다는 사실과 타협은 하지만, 죽음이 주는 상실 때문에 깊은 우울에 빠졌다가, 결국에는 죽음을 수용하게 된다는 거죠.

이 단계 중 타협의 단계에 이르면 합리화가 필요해집니다. 자신이 죽어야 하는 이유를 스스로 납득해야 한다는 것이죠. 그렇다면 죽음을 받아들인 고대 인류는 과연 어디에서 자기 죽음의 원인을 찾아 죽음과 타협했을까요? 종교가 발달한 이후라면 죄의 대가로 찾아오는 죽음이라고 자기를 탓하면서 타협했을 테고, 오늘날이라면 기후, 바이러스, 전쟁 같은 외부의 여러 이유를 찾을 수 있겠죠. 그런데 자기 탓도 외부 환경 탓도 할 수 없었던 고대 인류가 찾아낸 답은 무엇일까요?

아마도 타협의 가장 큰 근거 가운데 하나는 음식이었을 겁니다. 우리는 살아갈 에너지를 얻기 위해 먹어야 하고, 먹기 위해서, 혹은 다른 말로 살기 위해서는 생명을 죽여야 합니다. 이 법칙은 예나 지금이나 변함이 없습니다. 이렇게 우리는 살기 위해 평생 죽은 것을 먹으며, 먹는 만큼 우리 몸에 죽음이 쌓여 갑니다. 이 사실에 '우리가 사랑해서 즐겨 먹는 것이 바로 우리'라는 앞서 제시한 명제를 적용하면 살기 위해 끊임없이 죽음을 먹은 필연적인 결과로 우리가 죽음에 이르고 만다는 결론에 이를 수 있습니다.

'살기 위해 먹을수록 몸에 죽음은 쌓여 가고, 그 죽음이 가득 차면 사람은 죽음에 이른다.' 과거 언젠가 인류는 이런 논리를 토대로 한 결론을 받아들이고 죽음과 타협한 것이 아닐까요?

우리가 살기 위해 다른 생명을 죽였기 때문에 우리도 죽는 것이 마땅하다는, 이른바 교환 법칙은 지극히 윤리적인 생각이기도 합니다. 생각이 이쯤에 이르면 죽지 않고 영원히 살고 싶었던 사람도 어쩔 수 없이 타협하고 죽음을 향해 손을 내밀어 악수를 청해야 하지 않을까 싶습니다. '내가 살기 위해 동물이든 식물이든 생명을 죽였으니 나 역시 죽음을 맞이하는 것이 당연한 것이 아닐까?' 하고 말이지요. 물론 인간중심주의에 빠져 있는 아주 지독한 이기주의자라면 다른 생각을 할 수도 있겠지요.

그러나 내 몸 밖에는 타자의 죽음이 있고, 살아가면서 내 몸 안에 그 죽음이 축적된다는 이런 윤리적인 관점이야말로 다른 영장류와 구별되는 인간만의 특징이 아닐까 합니다. 이렇게 죽음은 필연적인 것이라는 결론에 다다른 인류는 불멸 대신 다른 꿈을 꾸기 시작합니다. 바로 최대한 오래 사는 것, 바로 장수를 추구하기 시작합니다.

7

영원한 삶이냐
좋은 죽음이냐

그리스 철학자 소크라테스는 자기가 모른다는 것을 알고 있다는 이유로 고대 그리스에서 가장 지혜로운 사람으로 인정받았습니다. 죽음에 관해서라면 우리도 소크라테스 못지않습니다. 죽음에 대해 많은 것을 알고 있으면서도 죽음에 관해 모르는 것이 그보다 훨씬 많다는 사실도 잘 알고 있지요.

죽음을 거부할 수 없다는 사실을 알고 있는 한편으로 얼마나 살수 있는지, 언제 죽을지, 어디서 어떻게 죽을지 모른다는 것도 잘 알고 있습니다. 이런 면에서 인류는 그 어떤 생물보다도 죽음에 관해 지혜로운 존재입니다.

이렇게 잘 알고 있었던 탓일까요? 먼 고대부터 인류는 꾸준하게 죽음을 거부하기도 하고 죽기 싫다고 저항하기도 했습니다. 매우 어리석어 보이기도 하고 실제로 어리석은 일이기도 하지만, 죽음에 관한 지혜 때문인지 도전 정신 때문인지 인류는 끊임없이 죽음에 도전해 왔습니다.

순간을 사는 인간, 영원에 갇힌 신들

신을 삶의 중심에 두고 살던 고대 사회에서 죽음을 거부하는 것은 신에게 반항하고 신을 모욕하는 일이었습니다. 인간을 창조하고 죽음을 부여하여 '인간은 죽어야 한다'고 신이 정한 원칙을 위배하는 일이었으니까요.

그렇다면 신들은 왜 인간을 죽도록 만들었을까요? 그리스 신화를 토대로 말하자면, 신과 인간을 구분하기 위해서입니다. 그리스 신화에서 신과 인간의 차이는 본질적으로 오직 하나, 죽음뿐입니다. 인간은 죽고 신들은 죽지 않습니다. 신들은 인간이 하는 모든 행동을 똑같이 합니다. 사랑하고 질투하며, 때로는 인간에게 보란 듯이 살인과 강간, 도둑질 같은 수많은 범죄까지 저지르고 다닙니다. 도덕적 우월성 따위는 없습니다. 그들은 단지 '죽지 않는 인간'일 따름입니다.

오비디우스의 『변신 이야기』는 영원한 삶을 사는 권태로운 신들이 찰나를 살기에 더욱 짜릿하고 아름다운 인간의 삶을 탐하며 벌어지는 사건 기록이라 할 수 있습니다. 요즘으로 치면 인간들의 페이스북이나 인스타그램을 훔쳐보며 그 경험을 흉내 내고 싶어 하는 신들의 이야기쯤 됩니다. 불멸의 신들이 관광객처럼 인간의 삶을 기웃거리며 욕망을 쏟아내는 바람에 애꿎은 인간들이 때때로 짐승이나 나무로 변하는 일들은 좀 서글프기도 합니다.

이렇게 그리스 신화에서는 죽음 이외에 달리 신과 인간을 가를 수 있는 게 없어 보입니다. 그러나 '고작' 죽음뿐이라고 말할 수는 없습니다. 죽는 존재와 죽지 않는 존재는 모든 것이 다를 수밖에 없기 때문이지요. 우리가 알고 느끼는 신과 인간의 차이는 바로 이 지점에서 발생합니다. 그리고 그것이 죽음의 본질이기도 하지요.

죽지 않는다는 것은 우리를 강력하게 구속하는 시간에서 벗어날 수 있음을 뜻합니다. 죽음이 없다면 오늘 해야 할 일을 100년 뒤로 미룬다고 해도 크게 문제가 될 것이 없습니다. 아니 애초에 오늘 해야 할 일이 있지도 않을 것입니다. 죽지 않는다는 것은 또한 우리 인간에게는 다시 찾아오지 않을 '지금 이 순간'이 사라진 상태를 의미합니다.

내일이면 늦고 마는, 그래서 지금 아니면 안 되는 그 절박함과 간절함이야말로 죽음이 인간에게 주는, 그러나 신들은 모르는 가장 큰 힘입니다. 죽음은 이렇듯 인간이라는 존재의 본질과 맞닿아 있습니다.

따라서 죽음을 거부하는 것은 신이 되겠다는 말과 다르지 않습니다. 그리고 신화에서 신들은 인류의 이런 시도에 대해 단호하게 벌(대개는 죽음이라는 벌)을 내립니다. 그러나 인류는 포기하지 않고 이 도전을 이어 왔습니다. 아직 인류의 기대수명이 100세에 이르지 않았으나 앞으로 의학이 발달하고 AI를 비롯한 기술이 장수의 비밀을 밝혀낸다면 언젠가는 불멸에 가까운 신과 같은 존재, 즉 '호모 데우스 Homo Deus'가 출현할지도 모르겠습니다.

그리스 신화에는 죽음을 거부하며 신을 조롱했다가 가장 무서운 형벌을 받은 인물의 이야기가 있습니다. 노벨문학상을 받은 프랑스 작가 알베르 카뮈가 삶의 부조리를 보여주기 위해『시시포스 신화』라는 책에서 소환해 유명해진 시시포스가 바로 그 사람입니다. 시시포스 집안은 신에 대한 도전을 사명으로 받아들이기라도 한 듯 도전적인 행보를 보였습니다. 가훈을 만들었다면 '신에게 대항하라!'쯤 되지 않았을까 싶을 정도이지요. 흥미로운 것은 신에게 대항한 이 집안이 그리스인의 조상이 되었다는 점입니다.

시시포스 집안의 가장 큰 어른은 그리스 신화에서 인간을 창조한 프로메테우스입니다. 프로메테우스는 또 신들의 불을 훔쳐 인간에게 주었다가 매일 새로 돋아나는 간을 독수리에게 쪼여 먹히는 끔찍한 벌을 받은 것으로도 유명하죠. 프로메테우스는 죽지 않는(영원을 사는) 신이었기에 독수리가 간을 쪼아 먹어도 다음날이면 어김없이 새로운 간이 자라났고, 그렇기에 끝없이 고통을 받아야 했습니다.

프로메테우스의 아들 데우칼리온은 신들이 열지 말라고 한 상자를 열어 인간을 불행으로 몰고 간 것으로 유명한 판도라의 딸 피라와 결혼해 아이들을 낳았는데 그중 장남이 헬렌입니다. 헬렌은 한국 신화의 단군에 해당한다고 할 수 있는데, 고대 그리스인은 그리스를 헬렌의 후손들이 사는 땅이라는 의미에서 '헬라스'라고 불렀습니다(그리스를 일컫는 '희랍希臘'이라는 말은 헬라스를 한자로 음차한 것입니다). 또 그리스에서 태동한 문화를 일컫는 헬레니즘이라는 단어 역시 그의 이름에서 유래했지요.

헬렌의 손자뻘인 시시포스는 고조할아버지인 프로메테우스의 피를 이어받아 현명했습니다('프로메테우스'라는 이름을 문자 그대로 풀이하면 '먼저 생각한다'는 뜻으로, 우리는 이를 '선견지명'이라고 부릅니다).

그래서 시시포스와 얽힌 이야기는 대체로 이런 현명함(때로 그 정도가 지나친 교활함)과 관련이 있습니다. 그중에 죽음과 관련된 이야기를 살펴봅시다.

죽음을 납치하고 죽음에서 되살아난 시시포스

코린토스의 왕이던 시시포스의 죽음에 관한 이야기는 좀 엉뚱하게 시작됩니다. 코린토스는 그리스 본토와 펠로폰네소스 반도가 이어진 지점에 있는 도시국가였습니다. 예나 지금이나 두 지역을 연결하는 곳에는 사람과 물자가 모여들기 마련이죠. 이런 지리적인 이점을 활용하기 위함인지 모르겠으나 시시포스는 코린토스를 건설한 다음에 언덕 위에 감시와 조망, 방어를 목적으로 높은 망루를 세웠습니다. 어느 날 시시포스는 그 망루에서 매우 흥미로운 장면을 목격하게 됩니다.

시시포스가 목격한 것은 신들의 왕인 제우스가 벌인 일이었습니다. 신과 인간이 함께 살던 시대에는 인간이 신을 목격하는 것이 흔하지는 않아도 더러 있는 일이었죠. 때로는 신과 인간이 만나 대화를 하기도 했고 나아가 사랑을 나누기도 했으니까요. 헤라클레스를 비롯해 우리가 아는 여러 그리스 영웅들은 이렇게 신과 인간 사이에서 태어난 존재입니다.

사건이 있던 그날, 제우스는 빠른 발걸음으로 코린토스를 지나가고 있었습니다. 그런데 혼자가 아니었습니다. 강의 신인 아소포스의 딸 아이기나를 납치해 오이노네섬으로 가고 있었지요. 평소 치밀한 제우스였지만 그날은 무엇이 급했는지 시시포스가 보고 있다는 것을 알아차리지 못하고 걸음을 서둘렀습니다.

한편 강의 신 아소포스에게는 딸이 많았습니다. 고대 그리스의 시인인 핀다로스에 따르면 딸이 아홉 있었는데, 여러 딸들이 제우스와 포세이돈, 아폴론, 헤르메스에게 납치되었다고 합니다. 그 딸들 가운데 가장 유명한 딸이 이날 제우스가 납치한 아이기나입니다.

아소포스는 아이기나가 사라지자 그녀를 찾기 위해 백방으로 뒤지고 다녔습니다. 그러다 발길이 코린토스에 이르러 높은 망루에 있는 시시포스를 보게 되죠. 아소포스는 시시포스에게 자기 딸을 보지 못했는지 물었고, 시시포스는 아소포스가 알려 준 인상착의를 한 여자를 보았다고 대답했습니다. 아소포스가 다급하게 어디로 갔는지 묻자, 시시포스는 코린토스에 마르지 않는 샘이 솟아나게 해 주면 딸의 행방을 알려 주겠다고 제안했습니다.

내륙에 있는 그리스의 도시국가들은 대부분 높은 언덕에 세워졌습니다. 이 언덕을 가리켜 바로 '폴리스'라고 하는데, 시간이 지나면서 도시국가 자체를 폴리스라고 부르게 되었고 그중 신전 등의 중심 건물이 위치한 장소는 '높다'라는 뜻인 '아크로'를 붙여서 아크로폴리스라고 부르게 됩니다. 이렇듯 도시가 언덕에 자리한 까닭에 외적의 침입을 방어하기에는 유리했으나 결정적으로 물이 부족한 경우가 많았습니다. 시시포스는 상대가 강의 신임을 알고, 또 그의 다급함을 이용해 꼭 필요한 물을 요구한 것이지요.

아소포스는 시시포스의 요구에 맞춰 코린토스에 샘이 솟아나게 해 주었습니다. 그 대가로 딸의 행방에 대해 들은 아소포스는 딸이 납치되었다는 사실에 분노하며 오이노네섬으로 달려갔습니다. 물론 강을 다스리는 신이 세계는 물론이고 다른 신들까지 다스리는 신들의 왕 제우스를 당해 낼 수는 없었죠. 제우스는 자기에게 달려드는 아소포스에게 강력한 무기인 벼락을 던졌습니다. 벼락을 정통으로 맞은 아소포스는 치명상을 입고 물러날 수밖에 없었습니다. 이후 아소포스 강에서 숯이 많이 발견되었다고 합니다. 딸을 잃은 정신적인 고통과 벼락을 맞은 육체적인 고통 중에 어느 쪽이 더 괴로웠을까요?

한편 제우스가 아이기나를 납치해서 데리고 간 오이노네섬은 엄청난 이익을 얻었습니다. 먼저 오이노네섬은 이 사건 이후 이름이 아예 아이기나섬로 바뀌었습니다. 그리고 제우스와 아이기나 사이에서 아이아코스가 태어나 섬의 왕이 되었죠. 그의 자손이 퍼지면서 이 섬의 사람들은 자연스럽게 신들의 왕인 제우스의 후손이 되었습니다. 앞에서 보았듯이 인간 가운데 가장 경건한 사람이라고 불린 아이아코스는 훗날 저승의 심판관이 됩니다.

한편 제우스는 자기의 납치 행각을 알린 시시포스에게 크게 화를 내며 죽음의 신인 타나토스를 보냅니다. 시시포스에게 죽음을 내린 것이지요. 그런데 시시포스는 사전에 제우스가 화를 낼 것이라는 것과 그 분노의 칼날이 죽음이 될 것임을 예상하고 만반의 준비를 마친 상태였습니다.

시시포스는 타나토스가 찾아와 자기를 데려가려 하자 교묘한 꾀로 그를 속여 토굴에 가둬 버립니다. 죽음의 신이 갇혀서 활동할 수 없게 되자 세상에서 죽음이 사라졌습니다. 이렇게 인간이 죽지 않게 되면서 일시적이지만 신과 인간의 구분이 사라졌지요. 좋은 일이었을까요? 죽음이 사라진 세계는 태양이 서쪽에서 떠오른 것처럼 심각한 혼란에 빠지고 말았습니다. 사람들은 늙고 병들어도 죽지 않고 고통만 겪었고, 전쟁을 해도 죽는 사람이 없이 계속 싸우기만 했지요.

이 혼란은 전쟁의 신 아레스가 출동해 토굴에 갇혀 있던 타나토스를 구해 낸 뒤에야 끝이 납니다. 아레스가 타나토스를 구해 가자 시시포스는 아내인 메로페에게 자기가 죽거든 절대로 장례를 치르지 말고 매장도 해서는 안 되며 죽은 자를 위한 제물도 바치지 말라고 말합니다. 자기가 죽더라도 살아 있는 사람처럼 대하라고 단단히 일러둔 것이지요. 메로페는 그 말이 이해되지 않았지만 고개를 끄덕였습니다.

풀려난 죽음의 신 타나토스는 곧바로 시시포스를 찾아갔습니다. 타나토스는 이번에는 결코 당하지 않겠다는 듯한 태도로 시시포스를 곧장 저승으로 끌고 갔고, 시시포스도 별다른 저항 없이 따라나섰습니다. 이렇게 시시포스는 죽은 자의 세계인 하데스에 발을 들여놓습니다.

예나 지금이나 누군가 세상을 떠나면 장례를 치르고 그 절차에 따라 매장이나 화장을 한 뒤 제물을 바쳐야만 망자가 정식으로 죽은 자의 세상으로 들어갈 수 있습니다. 그런데 시시포스의 아내인 메로페는 시시포스가 일러준 대로 장례를 치르지 않았으며 매장도 하지 않았고 제물도 바치지 않았지요. 그러자 죽은 자의 세상을 다스리는 하데스는 시시포스를 불러서 왜 장례를 치르지 않는지 물었습니다. 물론 시시포스는 자기도 영문을 모르겠다고 딱 잡아뗐지요. 이에 하데스는 시시포스에게 집으로 보내 줄 테니 가서 장례를 치르고 삶을 마무리하고 오라고 명령했습니다.

시시포스는 공손하게 그렇게 하겠다고 대답하고 집으로 돌아왔지요. 죽었다가 살아난 것입니다. 그러나 그는 하데스의 명령을 따를 마음이 전혀 없었습니다. 당연히 장례를 치르지 않았고 그냥 그대로 천수를 누리며 오래오래 살았습니다. 신들이 보기에 기가 찼지만 어쩔 도리가 없었죠.

영원한 형벌, 영원한 삶을 향한 조롱

물론 시시포스는 언젠가 죽어야 하는 인간이었습니다. 타고난 수명을 다 누린 다음에는 죽음을 맞이할 수밖에 없었지요. 시시포스가 죽자 신들은 기다렸다는 듯이 끔찍한 형벌을 내립니다. 죄목은 죽음을 거부하고 신에게 도전했다는 것이었습니다.

그 형벌은 시시포스가 저지른 일에 비하면 대단치 않아 보였습니다. 큰 바위를 손과 머리로 밀어서 언덕 위까지 옮기면 끝나는 것이었으니까요. 그러나 그 언덕 위에는 바위를 가만히 놓을 곳이 없었습니다. 그래서 무게가 있는 것은 모두 아래로 떨어지는 중력의 법칙에 따라 언덕 위로 올린 바위는 다시 아래로 굴러떨어졌습니다. 시시포스는 바위가 떨어지면 다시 밀어서 언덕 위로 올려야 했지요. 이 형벌의 핵심은 이 일을 영원히 반복해야 한다는 점입니다. 프로메테우스가 매일 새로 자라난 간을 반복해서 독수리에게 쪼아 먹히듯이 시시포스는 매일 반복해서 바위를 밀어 올려야 했습니다.

그래서 이 형벌은 그리스 신화에서 가장 고통스러운 형벌 가운데 하나로 평가받습니다. '지금 이 순간'을 정체성으로 삼고 있는, 그래서 죽어야 하는 존재인 인간에게 죽음의 반대편에 있는 영원, 그것도 똑같은 내용이 끝없이 되풀이되는 영원은 그야말로 끔찍한 일이기 때문이지요.

시시포스가 처음부터 제우스를 보지 않았다면 좋았을 겁니다. 제우스의 납치 광경을 보지 않았다면 시시포스는 코린토스의 현명한 왕으로 몇 가지 일화를 남긴 뒤 행복한 죽음을 맞았을 테니까요. 그러나 그 광경을 목격했기 때문에 결국 이렇게 무한히 반복되는 형벌을 받게 됩니다. 하지만 다른 시각에서 보면 그 덕분에 인간의 위대함이 '불가능함을 알면서도 도전하는 것'에서 나온다는 진실을 후세에 전할 수 있게 되었지요. 역시 사건이 존재를 만듭니다.

시시포스는 밀어 올린 바위가 굴러떨어질 것을 뻔히 알면서도 바위를 밀어 올립니다. 비처럼 쏟아져 내리는 땀을 흘리며, 때로는 피까지 토하면서 바위를 언덕 위로 밀어 올리는데 기껏 올려놓으면 곧바로 다시 굴러떨어지고 맙니다. 여러분이 이런 상황에 처한다면 어떤 기분일 것 같나요?

사실 우리도 시시포스처럼 뻔히 그 결과를 알면서도 수많은 일을 합니다. 뻔히 죽을 줄 알면서도 살아가고, 죽을 것처럼 권태로워도 아침에 일어나 일터로 가서 반복되는 일을 해야 하며, 바라는 대로 이루어지지 않으리라는 것을 알면서도 무언가를 해야 하지요. 그런 부조리한 상황은 시시포스나 우리나 다르지 않습니다. 카뮈가 지적한 삶의 부조리란 바로 이런 것입니다.

이런 부조리에 대처하는 방법은 크게 두 가지입니다. 하나는 일찌감치 포기하는 것이죠. 실제로 많은 사람이 살아가면서 결말이 불 보듯 빤하다는 걸 마지못해 받아들이며 포기합니다. 처음에는 뭔가를 시도해 보기라도 하지만 나중에는 해 보지도 않고 지레 안 될 것이라고 짐작하고 포기하기도 하죠. 요즘에는 우리 사회 구조에서 부조리의 장벽이 나날이 두꺼워지고 높아지고 있어서 일찍 포기하는 경향도 나날이 증가하고 있는 듯합니다.

한편 부조리에 대처하는 다른 방법은 시시포스가 그런 것처럼 부조리를 인지하면서도 그에 도전하는 것입니다. 사실 인간의 위대함은 이 부조리에 대한 도전에서 나옵니다. 굴러떨어질 것을 뻔히 알면서도 묵묵하게 바위를 밀어 올리는 시시포스처럼 언제 죽을지도 모르고 패배가 확실하더라도 가족이나 약자를 위해 분연히 일어서 강자와 맞서 싸울 때 비로소 인간이 위대해지는 것이죠.

그래서 인간을 위대하게 만드는 것은 희극이 아니라 비극입니다. 극복할 수 없는 시련에 도전하는 데서 인간의 숭고함이 드러나기 때문이지요. 그리스를 비롯해 고대인들이 비극을 그토록 좋아했

티치아노가 그린 <시시포스>. 바위를 옮기는 일을 영원히 반복해야 하는 벌을 받은 시시포스는 많은 예술가들에게 창작의 영감을 주었습니다. 시시포스의 이런 형벌이 인간의 삶과 다르지 않다는 생각을 했기 때문일 겁니다.

던 이유도 여기에 있을 것입니다. 오늘날에는 비극보다 희극(재미와 흥미거리를 추구하는)을 유독 선호하는 경향이 강해지고 있는 듯합니다. 그것이 어떤 결과로 이어질지 자못 궁금합니다.

　한편 시시포스의 고통스러운 형벌을 곰곰이 떠올려 보면, 그가 여전히 신을 능멸하고 있다는 생각도 듭니다. 영원히 굴러떨어지는 바위를 밀어 올리는 것이 형벌이라면, 시시포스는 내심 영원히 죽지 않고 살아야 하는 신들의 삶 역시 형벌 아니겠느냐며 비웃고 있는 건 아닐까요? 그리스 신화에 나오는 신들이 인간이 살아가는 삶의 방식을 끝없이 욕망하는 것을 보면 이런 생각이 진실에서 그리 멀리 벗어난 것은 아닌 듯합니다.

누구나 장수하는 시대

시시포스의 조롱과는 별개로 인류는 오랜 세월 동안 영생과 장수를 꿈꿔 왔고 최근 그 꿈에 한 걸음 바짝 다가서고 있습니다. 실제로 풍부해진 식량, 의학 발달, 평화 체제 구축을 통한 전쟁 감소 등이 원인이 되어 인류의 기대수명이 점점 높아지고 있습니다.

　1800년 인류의 기대수명은 26세였는데 1900년에는 31세가 되었고, 2020년에는 무려 73세에 이르렀습니다. 그리하여 호모 사피엔스는 30만 년 만에 노인의 기준이 되는 65세 이상 인구가 유사 이래 가장 많은 세계를 만드는 데 성공했습니다. 1800년만 해도 65세 이상 인구는 전 세계 인구의 5% 미만이었으나 2024년에는 10% 이상으로 두 배 넘게 늘었고, 지금 이 순간에도 계속 늘어나고 있습니다.

우리 사회도 노인 인구가 가파르게 늘어서 2000년에 고령화 사회(노인 비율 7%), 2017년에 고령 사회(노인 비율 14%)를 거쳐, 2024년 12월에 이미 초고령 사회(노인 비율 20% 이상)에 접어들었습니다. 5명 가운데 1명이 노인인 셈입니다.

그런데 요즘 노인은 과거의 노인들과 달리 매우 건강합니다. 그래서인지 일부에서는 나이에 0.7이나 0.8을 곱해야 지난 세기까지 살았던 사람들의 나이와 (적어도 겉모습에서는) 닮은 모습이 된다고 말하기도 합니다. 예를 들면 지금의 70세는 옛날로 치면 49세에 불과하다는 것이죠. 기대수명 증가에 따라 노인의 기준을 재정의해야 한다는 사회적 요구가 점점 높아지고 있기 때문인지 한때 'UN에서 65세까지를 청년, 75세까지는 장년, 그 이후를 노년으로 분류했다'라는 루머까지 나돌기도 했습니다.

게다가 최근 들어서 노화의 비밀까지 조금씩 벗겨지고 있습니다. 그 결과 노화를 필연적인 것이 아니라 일종의 질병으로 바라보아야 한다는 주장까지 제기된 상황입니다. 오랫동안 인류가 간절하게 바라고 꿈꾸었던 장수의 시대가 화려하게 개막한 느낌입니다.

이렇게 장수가 실현되어 가면서 인류의 희망과 욕망이 달라지는 듯합니다. 기대수명이 낮았던 과거에는 오래 살고 싶다는 욕망이나, 거기서 한 걸음 나아가 현세에 누리지 못한 삶을 죽은 다음의 내세에서 더 누리고 싶다는 희망이 사람들 사이에서 널리 공감대를 얻었다고 볼 수 있습니다.

그러다 불과 200~300년 사이에 기대수명이 급증하여 육체가 감당할 수 있는 한계까지 긴 수명을 누릴 확률이 매우 높아지자, 다시 말해 꿈꾸던 것 이상의 장수가 실현되자 내세에 대한 희망이 줄어든 것이 아닐까 하는 생각이 듭니다. 죽은 뒤에 좋은 삶을 누리겠다고 생각하는 대신 현재의 삶을 충분히 누리겠다고 생각하는 경향이 강해진 것이지요. 이 욕망에 부응해서 현재의 삶을 풍요롭게 해 줄 여러 기술과 의학이 발전하고 있습니다.

그러나 장수의 시대는 미지의 세계입니다. 우리는 이제까지 이렇게 많은 노인이 동시에 살아 있는 시대를 경험해 본 적이 없습니다. 비교 대상을 찾을 수 없는 초유의 시대를 살아가고 있지요. 이전에 그 누구도 가 보지 않았던 길이기에 어떤 상황이 펼쳐질지는 아무도 모르지요. 따라서 조심스럽게 발을 내딛어야 하지 않을까요? 비유적으로 말하면 군데군데 뾰족한 압정이 떨어져 있는 깜깜한 방을 맨발로 가로질러 가는 것처럼, 성큼성큼 걸어가기보다는 압정을 밟지 않도록 발을 끌듯이 조금씩 앞으로 조심스럽게 나아가는 편이 좋지 않을까 합니다.

오래 살게 되면 바뀌는 것들

이렇게 대규모로 죽음이 유예되고 지체되면 죽음의 의미에 변화가 생기는 것은 당연합니다. 그러면서 앞에서 살펴본 죽음을 토대로 또는 죽음에 기대어 형성된 인류의 사회와 문화, 기존의 관념이나 풍습, 제도 등도 격한 변화의 소용돌이 속으로 끌려 들어갈 수밖에 없지요. 신과 사람을 갈라놓았던 죽음의 경계가 모호해지며 인류가 전인미답의 새로운 단계로 나갈 수도 하고, 새로운 갈등과 불평등을 낳을 수도 있습니다. 그 변화는 우리 코앞에 닥쳐 있지요.

그 흥미로운 사례 가운데 하나가 유산 상속입니다. 세계에서 가장 먼저 초고령 사회에 진입한 일본의 2024년 통계를 보면 60대 이상이 부모의 유산을 상속받는 경우가 무려 52%에 이르고 있습니다. 부모가 과거보다 훨씬 오래 살게 되면서 자식이 60세를 넘어도 부모님이 계속 살아 계시는 경우가 절반이 넘는다는 뜻입니다.

아마 이 수치는 앞으로 계속 늘어나겠지요. 2022년에 태어난 한국 여아의 기대수명이 85세를 넘겼습니다. 이런 추세라면 한국인의 기대수명이 100세가 되는 날도 찾아올 듯합니다. 이렇게 되면 100세를 넘긴 부모가 70~80대 자식에게 유산을 상속하는 일도 일어날 것입니다.

다시 여기서 수명이 더 늘어나 부모가 150세에 자식이 120세 정도가 된다고 가정해 볼까요? 이쯤 되면 상속은 물론이고 전통적인 미덕인 효나 자식을 향한 지극한 사랑 같은 관념에도 큰 변화가 생겨날 것입니다. 죽을 때까지 일해야 할 수도 있고, 늘어난 부양 인구로 인해 국민연금과 같은 제도가 더 이상 작동하지 않을 수도 있으며, 가족의 부양을 받지 못하는 노인들이 극심한 빈곤 속에 지내게 될 수도 있습니다(이미 심각한 사회 문제이지요). 현재 1인 가구의 폭발적인 증가에서 볼 수 있는 것처럼 결혼을 비롯한 인간관계의 양상도 달라질 것입니다. 여기에 치매와 같은 노화로 인한 질병도 급증하면서 사회·경제적인 문제도 많이 발생하겠죠. 그에 따른 혼란을 감당해 낼 수 있을까요?

몇 살까지 살 수 있나를 말하는 기대수명과 달리 질병이나 장애 없이 건강하게 살아가는 기간을 '건강수명'이라고 합니다. 통계청의 조사에 따르면 2022년생 한국인의 건강수명은 남성 65.1세, 여성 66.6세입니다. 같은 해에 태어난 남성의 기대수명이 79.9세이고 여성의 기대수명이 85.6세이니, 건강수명과 기대수명의 차는 남성 14.8년, 여성 19년입니다. 이는 남녀 공히 약 15년 이상, 비율로 보면 남성은 전체 생애의 18.5%, 여성은 22.1%라는 긴 시간을 건강하지 않은 상태로 살아간다는 뜻입니다. 이른바 병을 지닌 채 오래 사는 '유병장수' 현상이지요.

여기에 한국의 노인 빈곤율은 계속 증가해서 거의 40%(2023년 39.7%)에 육박하는 상황이며, 그에 따른 불안과 고립의 그림자 역시 점점 짙어지고 있습니다. 또 치매 환자도 나날이 증가하고 있습니다. 조사 기관마다 인원수에 차이를 보이나 2024년 기준으로 약 100만 명에 이르죠. 철학자 르네 데카르트의 유명한 명제인 "나는 생각한다,

고로 존재한다"가 진실이라면, 치매로 자아를 잃어 가는 노인은 인간 본연의 존재성을 잃어가는 것이라고도 볼 수 있습니다.

그렇다면 이쯤에서 장수의 빛과 그림자를 점검해 볼 필요가 있지 않을까 합니다. 오래 산다는 것은 무조건 축복이 될 수 없습니다. 누군가에게는 축복이 될 수 있겠으나 누군가에게는 재앙이 될 수도 있습니다. 또 하나 드는 물음은 무엇이 축복이고 무엇이 재앙일까 하는 것이지요.

건강이 좋지 않고 가난하며 치매로 자기 정체성이 희미해지는 노인의 삶이 반드시 비참하다고 말할 수는 없습니다. 삶의 만족도와 질병 간의 상관관계를 조사한 연구들을 보더라도 질병과 함께 행복하게 살아가는 이도 적지 않기에 이러한 노인들의 삶을 더 깊이 들여다보며 이해하고 해석하는 작업이 필요합니다.

그렇지만 삶은 무조건 좋은 것이고 죽음은 무조건 나쁜 것이라는 인식에 대해서는 재고할 필요가 있지 않을까요? 삶과 죽음은 하나로 이어져 있어서 어느 한쪽이 무조건 좋을 수만은 없으며, 따라서 삶이 좋고 죽음이 나쁘다는 것은 편견에 불과할지 모릅니다. 프랑스 사상가 몽테뉴는 『수상록』에서 "노년의 삶을 힘들게 만드는 고통과 괴로움과 비참함에 종지부를 찍어 주는 죽음"이라고 적었습니다. 어쩌면 우리는 삶을 예찬하는 것만큼이나 죽음의 긍정성을 발견할 필요가 있지 않을까요?

단 하나의 소원, 그것은 죽음

그리스 신화에서 예언을 담당하는 신이 태양의 신 아폴론입니다. 태양의 신에게 예언을 맡긴 것은 태양 아래 숨길 수 있는 것이 없으니 미래 또한 백일하에 드러날 것으로 여겼기 때문이 아닐까 합니다.

델포이에 있는 아폴론의 신전으로 누군가 신탁을 구하러 오면 무녀는 아폴론에게서 받은 예언의 힘으로 미래의 일을 전합니다. 여담으로 서양 여성들 가운데 가장 먼저 화장을 한 것은 무녀라고 합니다. 신의 말을 전할 때 자기의 감정이 얼굴에 나타나지 않도록, 다시 말해 감정을 숨기기 위해 두껍게 가린 것이 화장의 기원이라는 이야기입니다. 오늘날 아름다움을 드러내기 위해 화장을 하는 것과 비교해 보면 흥미로운 대목이지요.

고대 그리스에서는 이런 무녀를 가리켜 시빌레(시빌라 또는 시빌이라고도 합니다)라고 불렀습니다. 당연히 지역마다 무녀가 있었고 이들 모두 시빌레라고 불렀습니다. 이들 가운데 쿠마이라는 지역의 시빌레는 아주 오래 산 것으로 유명합니다. 이 쿠마이의 시빌레와 아폴론에 얽힌 이런 이야기가 전해집니다.

아폴론은 번번이 사랑에 실패하는 것으로도 유명합니다. 아마도 모든 것을 속속들이 드러나게 만드는 태양의 밝음이 은밀함과 숨김, 감춤을 토대로 하는 사랑과 맞지 않기 때문이겠지요(그와 달리 술의 신 디오니소스는 술이 지닌 몽롱함과 불투명함 때문인지 많은 여성의 사랑을 받았습니다). 언젠가 아폴론은 쿠마이의 시빌레에게 반해서 마음

엘리후 베더의 <쿠마이의 시빌레>. 장수는 과연 축복일까요? 그리스인들은 죽지 못해 점점 말라가는 시빌레의 이야기를 통해 적당한 시점에 죽음이 찾아오지 않는 것이 오히려 더 괴로울 수 있다는 사실을 전달했습니다. 100세 시대가 머지않은 지금, 우리가 고민해 볼 부분입니다.

을 고백했습니다. 그리고 원하는 것이 있으면 뭐든 들어주겠다고 덧붙였죠. 거래에 응한 시빌레는 손으로 한 움큼 쥔 모래 알갱이의 숫자만큼 오래 살게 해 달라고 말했습니다. 마음이 급했던 아폴론은 원하는 것을 얻기도 전에 그 요청을 들어주었습니다. 한편 원하는 것을 얻은 시빌레는 아폴론의 손길을 매정하게 뿌리쳤지요. 아폴론은 남의 미래를 예언하는 힘은 있었으나 자기의 미래를 예언할 힘은 부족했던 모양입니다.

그리하여 시빌레는 정말로 한 움큼 쥔 모래 알갱이만큼 오래 살았습니다. 그런데 시빌레의 요청에는 심각한 결함이 있었습니다. 장수를 요구하면서 청춘은 요구하지 않은 것이죠. 결국 시빌레는 남들과 같은 속도로 노화를 겪었습니다. 장수를 한 다른 사람들은 노화의 끝에 세상을 떠났으나 시빌레만은 그러하지 못했습니다. 나이가 모래 알갱이의 수에 도달하려면 한참이나 남아 있었지요. 죽지도 않으면서 노화가 계속 진행된 그녀의 몸은 바짝 말라 크기도 작아졌습니다. 그러나 아폴론의 축복(또는 저주)으로 죽지 않았습니다. 그녀의 소원은 오로지 죽음밖에 없었다고 전합니다.

신화는 하고 싶은 말을 전하기 위해 과장합니다. 한 줌의 모래 알갱이만큼의 수명은 분명 과장이겠으나 장수가 반드시 행복한 것만은 아니라는 내용은 과장이 아닙니다. 앞서 보았듯이 건강하지 않은 상태로 장수를 누리는 것은 행복보다는 불행, 좋은 삶보다는 나쁜 삶에 가까운 일이 되고 맙니다. 앞으로 장수와 죽음을 둘러싼 어떤 새로운 이야기가 나올지 자못 궁금합니다.

8

죽음은 어떻게 우리를
지혜롭게 만들까?

북유럽 신화에서 최고신은 눈이 한쪽밖에 보이지 않는 외눈박이 오
딘입니다. 오딘이 한쪽 눈을 잃은 건 지혜를 얻겠다는 집요하고 열정
적인 소망 때문입니다. 북유럽 신화에서는 신과 인간, 서리 거인, 난
쟁이 등 수많은 존재들의 거주지가 이그드라실이라고 불리는 물푸레
나무 안에 들어 있습니다. 우주에 해당하는 이 물푸레나무에 아홉 개
의 세계가 들어 있는데 그 뿌리에는 현명한 신으로 알려진 미미르가
지키는 샘이 있지요. 전하는 말에 따르면 이 샘의 물을 마시면 그 누
구보다도 지혜로워질 수 있다고 했지요.

지혜에 욕심이 많은 오딘은 곧바로 이 샘의 물을 마셨습니다. 그
러나 세상에 공짜는 없는 법. 소중한 것을 얻기 위해서는 자신 역시 소
중한 것을 내놓아야 한다는 교환 법칙이 고대 북유럽에서도 작동하고
있었습니다. 오딘은 지혜의 샘물을 마시는 대가로 한쪽 눈을 내놓았
습니다. 이것이 그가 지혜로운 외눈박이가 된 사연입니다.

그런데 왜 하필이면 다른 신체 부위가 아닌 눈을 내놓아야 했을

까요? 지혜란 흔히 말하듯이 보이는 것 너머를 볼 수 있는 '마음의 눈'과 관련이 있기 때문일까요? 과학자들은 우리가 세상과 만나는 다섯 가지 감각 가운데 가장 속기 쉬운 것이 시각이라고 말합니다. 지혜가 보이지 않는 것을 보는 것이고 눈은 속기 쉬운 감각 기관이라는 점을 함께 고려하면, 오딘이 신체 기관 가운데 눈을 내놓아야 했던 이유가 어렴풋이 짐작됩니다. 이와 관련해 그리스 신화에서 최고의 예언가인 테이레시아스나 조선 최고의 점쟁이로 꼽히는 홍계관을 비롯한 유명 예언가 가운데 눈이 보이지 않는 사람이 많다는 점도 흥미롭게 들여다볼 대목입니다.

지혜를 얻기 위해 죽음을 택하다

지혜를 향한 오딘의 탐욕은 세상의 일반적인 수준을 몇 곱절은 넘어섰던 듯합니다. 그는 미미르의 샘물을 마시고 지혜를 얻었으나 그것으로 만족하지 못했지요. 그는 더 깊고 더 넓은 지혜를 얻고 싶어 했습니다. 오딘은 교환 법칙에 따라 더 큰 지혜를 얻기 위해서는 더 큰 것을 내놓아야 했습니다.

여러분이라면 무엇을 내놓겠습니까? 성경에서 아브라함은 100살이 넘어서 얻은 아들인 이삭을 제물로 바치라는 신의 말에 따라 이삭을 태워서 제물로 바치려고 했고, 욥은 그의 믿음을 시험하는 과정에서 가족과 재물을 모두 잃고 심지어 고통스러운 병에 걸렸습니다.

성경의 신은 아브라함과 욥이 가장 소중하다고 생각한 것을 통해 그들의 믿음을 시험했던 것이지요.

오딘은 이들보다 한 발 더 나아가 자기를 전부 내놓았습니다. 신비한 지혜를 얻기 위해 거대한 세계수인 이그드라실에 거꾸로 매달린 채로 자기 몸에 창을 찔러 스스로 목숨을 내놓았지요. 우리가 가진 것 가운데 생명보다 더 소중한 것은 없습니다. 성경에도 세상을 얻고 제 목숨을 잃으면 무엇이 유익하겠느냐고 묻는 대목이 나옵니다(마태복음 16장 26절). 그런 목숨을, 오딘은 지혜를 얻기 위해 내놓았습니다. 목숨보다 지혜를 더 소중히 여긴 것이지요.

오딘은 그렇게 9일 동안 죽은 채 이그드라실에 말 그대로 걸려 있었습니다. 비가 내리면 축축하게 젖었고 바람이 불면 그네처럼 앞뒤로 흔들렸죠. 그러다 9일 뒤에 다시 살아났습니다. 죽음에서 되돌아온 오딘은 마법의 문자인 룬 문자를 이해할 수 있었을 뿐 아니라 무려 18가지의 마법을 펼칠 수 있게 되었습니다. 마법으로 바다에 거센 풍랑을 일으킬 수도 있었고, 반대로 바다를 잠잠하게 할 수도 있었습니다. 세상 모든 여자의 마음을 빼앗을 수도 있었고, 적의 창칼을 무디게 할 수도 있었지요. 또 슬퍼하는 사람에게 위안을 주고, 고통을 느끼는 사람의 고통을 덜어 주며, 아픈 상처를 치유할 수도 있었습니다.

잠깐 다른 이야기를 하자면 저는 개인적으로 사랑이 가장 강력한 마법이라고 생각합니다. 불과 얼마 전까지 이름도 얼굴도 모르던 사람들이 서로를 사랑하게 되면 상대를 위해 목숨까지 건다니 참 놀라운 힘입니다.

오딘의 신화에서 눈여겨볼 점은 지혜와 마법을 얻기 위해 '죽었다'는 것입니다. 죽음은 되돌릴 수 없는 불가역적인 일입니다. 일단 죽은 다음에는 아무 일도 없었다는 듯이 죽기 이전의 상태로 돌아갈 수 없음을 우리는 잘 알고 있지요. 죽음에서 돌아오기 위해서는 윤회를 통해 다시 태어나거나 천국이나 저승과 같은 다른 공간으로 옮겨 가야 합니다. 그런데 오딘은 스스로 죽었다가 다시 살아났죠.

그렇다면 오딘의 죽음은 그저 생물학적인 죽음이 아니라 상징적인 죽음으로 볼 수 있지 않을까요? 우리는 누군가 완전히 탈바꿈해서 새로워졌을 때 '죽었다가 다시 살아난 것 같다'라고 말합니다. 또 기분이 굉장히 좋을 때는 '좋아 죽겠다', 엄청나게 맛있을 때는 '둘이 먹다 하나 죽어도 모르겠다'라고 말하기도 합니다. 더 갈 데가 없는 끝을 의미하는 죽음이라는 말을 이용해 극적인 변화나 강렬한 상태를 표현하는 것이지요.

오딘이 죽음을 겪으며 18가지 마법을 얻었다는 것은 단순한 성장이 아닙니다. 그것은 그가 환골탈태라 할 만큼 변화하여, 이전과는 전혀 다른 차원의 존재로 다시 태어났음을 뜻합니다. 즉 과거의 내가 죽고 새로운 내가 태어났다는 의미로 이해하면 될 듯합니다. 사실 우리도 현실에서 오딘처럼 상징적인 죽음을 겪으며 살아갑니다. 다만 그것을 의식하지 않기에 새로워지지 않을 뿐인 거죠.

늘 새롭게 만들어 주는 끝

야간근무와 같은 특별한 경우를 제외하면 우리는 매일 밤 잠들고 아침에 눈을 뜹니다. 매일 되풀이되기 때문에 당연한 일로 받아들이지만, 사실 밤에 잠드는 것은 한 사이클의 끝이고 아침에 눈 뜨는 것은 새로운 시작입니다. 그래서인지 고대 켈트인은 매일 아침마다 새로운 세상이 시작된다고 생각했습니다. 좀 억지처럼 들릴지도 모르겠는데, 우리도 새로운 마음과 몸으로 하루를 시작할 수 있다면 오딘처럼 마법까지는 아니더라도 작은 지혜 정도는 얻을 수 있습니다.

하루로는 실감이 되지 않는다면 1년으로 그 범위를 넓혀 볼까요? 매년 12월이 되면 송년회 일정을 정하고 한 해의 마무리나 정리 등을 서두릅니다. 그리고 1월이 시작되면 새로운 각오를 다지기 위해 해돋이를 보러 가기도 하고, 금연이나 금주와 같은 새해의 결심을 합니다. 지난해와는 다른 새로운 사람이 되겠다는 각오지요. 이런 모습으로 끝과 새로운 시작을 연결하는 상징적 죽음이 우리 삶에서 작동하고 있습니다.

시간의 범위를 한 사람의 일생으로 더 넓혀서 보면, 대표적인 통과의례인 관혼상제도 같은 원리로 이해할 수 있습니다.

관례에 해당하는 성인식은 한마디로 '아이의 죽음'입니다. 어른이 되기 위해 자기 안에 있는 아이의 특성 또는 성질을 없애는 의례이지요. 일례로 인디언의 성인식 가운데 하나는 일정 기간 아이를 죽은 사람(유령) 취급하며 진행됩니다. 아이가 죽고 나서 어른이 되는 체험을 하게 만드는 것이지요. 어떤 곳에서는 성인식 때 이를 하나 부러뜨립니다. 그렇게 함으로써 평소 생활하면서 혀로 부러진 이를 더듬을 때마다 자기가 성인식을 치른 존재, 즉 아이가 아닌 어른임을 자각하게 되는 것이죠. 또 불교 국가인 미얀마에서는 출가를 통해 이전까지의 사회와 단절하게 하고, 남태평양에 있는 펜타코스트섬에서는 아이에서 어른의 세계로 도약하듯 공포를 불러일으키는 높은 곳에서 뛰어내려야 합니다(이 성인식이 번지점프의 기원이 되었습니다).

나머지 관혼상제 가운데 혼례는 총각, 처녀 시절이 끝났음을 공식적으로 인정받는 의례이며 상례와 제례는 실제로 죽음과 관련된 의례입니다.

무엇이든 언젠가 끝나기 마련이고, 끝이 나야 새로 시작할 수 있습니다. 따라서 끝나는 것을 두려워할 필요는 없습니다. 밤이 찾아와야 아침이 오고 한 해가 끝나야 새해가 오는 것처럼 자연스러운 것이니까요. 이렇게 보면 오히려 끝은 시작을 위한 것처럼 보입니다.

실제로 우리 삶에서 일어나는 많은 나쁜 일은 끝을 내야 할 때 끝내지 않았기 때문에 발생합니다. 오래된 기계를 조금만 더 쓰겠다고 버리지 않고 쓰다가 큰 사고가 일어나고, 관계를 끝내야 한다는 것을 알면서도 억지로 인연을 이어가려 애쓰다가 싸움이 나고, 담배나 술과 같은 것을 끊어야 한다는 것을 알면서도 끝내지 못해서 건강을 잃습니다. 그러니 끝나는 걸 너무 안타까워하지 마세요. 그보단 좋은 끝맺음을 위해 노력하는 게 낫지 않을까요? 좋은 끝에서 좋은 시작 또는 새로움이 드러나는 법입니다. 시 한 구절을 읽어보죠.

펜타코스트섬에서는 높은 곳에서 뛰어 내려 상징적인 '죽음'을 경험하는 성인식을 치릅니다. 성인식 같은 통과의례는 새로운 시작을 위한 끝을 의미합니다.

우리가 시작이라 하는 것이 종종 끝이며

종지부를 찍는다는 것은 새롭게 시작하는 것이다.

끝은 곧 우리의 시작점이다.

—T. S. 엘리엇, 「리틀 기딩」, 『네 사중주』 중에서

그럼 삶이 끝나는 죽음 뒤에는 무엇이 올까요?

죽음을 극복하기 위한 길가메시의 모험

지금까지 살펴보았듯이 죽음은 우리 삶에 깊은 뿌리를 내리고 있습니다. 다만 그 뿌리가 깊고 땅속에 있는 까닭에 잘 보이지 않을 뿐입니다. 어쩌면 죽음은 거대한 나무의 뿌리처럼 삶에 영양분을 제공해서 풍성한 잎과 꽃을 피워내는 역할을 맡은 건 아닌가 하는 생각도 듭니다. 이 생각을 확인하기 위해 한 인물의 이야기를 따라가 보죠.

현재 기록으로 남아 있는 가장 오래된 신화는 메소포타미아의 점토판에 기록된 『길가메시 서사시』입니다. 신과 인간 사이에서 태어난 길가메시의 탄생부터 죽음까지를 다룬 매우 긴 이야기이지요.

지금의 이라크에 해당하는 지역에 우루크라는 고대 국가가 있었는데 길가메시는 그 나라의 왕이었습니다. 그는 세상에서 가장 지혜로운 사람으로 손꼽혔는데 그가 지혜로워진 것은 죽음과 마주하고서 그것을 받아들였기 때문입니다.

길가메시는 그가 세상의 그 누구보다 사랑한 친구인 엔키두의 죽음을 목격한 이후 죽음에 대해 고민하기 시작합니다. 엔키두는 죽기 전에 길가메시에게 자기가 꾼 꿈 이야기를 들려주었는데 그 내용은 이러합니다.

"앞으로 내가 어떻게 될지 나는 알고 있어요. 이런 꿈을 꾸었어요. 하늘이 진동하고 땅이 흔들리는 사이에 사람도 아니고 새도 아닌 괴물이 하나 내 앞에 나타났죠. 무시무시한 얼굴에 손은 사자의 발과 닮았고 손톱은 독수리의 그것과 닮은 괴물이었지요. 그는 내 머리에 발톱을 박고 나를 움켜쥐었어요. 그리고 나를 지하세계로 데리고 갔지요. 그곳은 한번 들어가면 다시는 나올 수 없는 곳입니다. 그곳에는 예전의 왕들이 썼던 왕관이 수북하게 쌓여 있었고요. 나는 지옥의 여왕 앞으로 끌려갔어요. 그녀 옆에는 죽은 자의 명부를 담당하는 관리가 앉아 있는데 나를 보더니 '누가 이 자를 데리고 왔느냐'라고 물었어요. 그 순간 몸에서 피가 모두 빠져나가는 듯한 공포를 느끼며 꿈에서 깼어요."

엔키두는 꿈에서 겪은 저승과 죽음에 대한 공포를 이겨내지 못하고 절망과 슬픔에 사로잡힌 채로 침대에서 일어나지 못하고 그대로 세상을 떠났습니다. 길가메시는 엔키두의 얼굴에 천을 덮어 준 다음에 머리를 모두 풀어헤치고 우루크 사람들이 모두 들을 수 있을 정도로 큰 소리를 내며 울었다고 전합니다.

이후 일주일 동안 밤낮을 가리지 않고 친구의 죽음을 애도한 길가메시는 엔키두의 장엄한 장례를 치른 다음에 그를 기억하기 위해 동상을 세웠죠. 길가메시는 친구의 죽음을 기리는 것으로 끝내지 않고 죽음의 비밀을 풀기 위해 홀쩍 우루크를 떠났습니다. 우루크를 떠난 길가메시는 발길이 이끄는 대로 정처 없이 세상을 떠돌았습니다. 그러다 때때로 친구의 죽음을 떠올리며 죽음의 공포에 시달리기도 했지요. 그는 공포에 사로잡혀 짐승처럼 들판에서 이렇게 울부짖기도 했습니다.

"나는 죽을 것이다. 그런데 내가 어떻게 편히 쉴 수 있겠는가? 어떻게 즐겁게 웃고 기뻐할 수 있을까? 엔키두는 지금 어디에 있는가? 나도 엔키두의 뒤를 따라가야 하겠지. 아, 죽음이 두렵구나. 사랑하는 사람과 헤어지게 만들고 이토록 사람을 슬프게 만드는 죽음이 두렵다."

죽음의 공포와 싸우며 세상을 떠돌던 길가메시는 우투나피시팀이라는 사람의 소문을 듣게 됩니다. 그가 세상의 끝에 거주하며 죽지 않고 영원히 산다는 소문이었습니다. 길가메시는 우투나피시팀을 찾아가 공포를 불러일으키는 죽음의 비밀을 풀어야겠다고 결심하죠. 그러면 죽음에 대한 두려움을 벗어던질 수 있을 테니까요(우리는 항상 모르는 것을 두려워합니다. 유령을 두려워하는 것도 그 실체를 모르기 때문이죠).

길가메시의 발길은 세상 끝을 향해 이어졌고 마침내 우투나피시팀이 사는 곳에 도달했습니다. 그 중간에 사자와 싸우고 매혹적인 여인의 유혹을 물리치는 등 여러 번 고비를 넘겨야 했습니다. 그는 쉽지 않은 여정을 거쳐 살아 있는 인간이 건널 수 없는 죽음의 바다를 배로 건넜습니다. 우투나피시팀은 자기를 찾아온 길가메시에게 물었습니다.

"그대는 누구인가? 어찌하여 짐승 가죽으로 만든 옷을 입고서 초라하고 어두운 얼굴로 이곳을 찾아왔는가? 무슨 이유로 죽음의 바다를 건넌 것인가?"

길가메시는 친구의 죽음에서 느낀 공포에 대해 말한 뒤에 삶과 죽음의 비밀을 풀기 위해 영원히 죽지 않고 사는 우투나피시팀을 찾아 먼 길을 찾아왔노라고 대답했습니다. 우투나피시팀은 세상에 영원한 것은 아무것도 없다고 냉정하게 대답했습니다.

"아무리 튼튼하게 집을 지어도 언젠가 무너질 것이며, 아무리 굳은 약속이라도 깨지기 마련이며, 아무리 아름다운 사람이라도 늙기 마련이며, 아무리 넓은 강이라도 홍수를 피할 수 없다네. 또 인간에게는 죽음이라는 운명이 이미 주어져 있어서 인간이라면 언젠가 죽어야 한다네."

길가메시는 물러서지 않았습니다.

"제가 보기에 당신은 저와 다를 것이 없어 보입니다. 저는 이곳으로 오면서 영원히 죽지 않는 우투나피시팀은 우리와 전혀 다른 사람일 것으로 생각했습니다. 그러나 당신은 우리와 다르지 않습니다. 그런데 어떻게 당신만이 영원한 생명을 누릴 수 있게 되었습니까? 그 비밀을 알고 싶습니다."

그러자 우투나피시팀은 과거에 신들이 인간을 벌하기 위해 일으킨 끔찍한 대홍수에 대해 길가메시에게 차근차근 나직한 목소리로 설명했습니다. 그리고 사람들이 대홍수의 파멸적인 공포를 잊지 않도록 신들이 당시 살아남은 자기만은 특별히 죽음에서 벗어날 수 있게 해 주었다고 알려 주었습니다. 그러니까 신들의 특별한 은총이 없다면 인간은 죽음에서 벗어날 수 없다는 뜻이었죠. 길가메시는 크게 실망했습니다. 죽음의 비밀이 겨우 신들의 은총이라니!

그러나 절망에서 희망의 꽃이 피어나는 법입니다. 절망이 희망과 이어져 있지 않다면 삶은 거친 모래바람이 부는 사막이거나 꽝꽝 얼어붙은 차가운 얼음장과 같은 것이 되고 말겠지요. 때로 희망은 삶의 조롱과도 같은 것이기도 하지만 그 조롱이 삶을 움직이고 앞으로 나아가게 만들기도 합니다. 절망으로 가득한 길가메시의 얼굴을 본 우투나피시팀이 그에게 희망의 끈을 풀어 놓았습니다.

"자네가 영원한 생명을 얻는 방법이 없는 것은 아니라네. 진실로 죽음에서 벗어나고 싶다면 여섯 날과 일곱 밤 동안 잠을 자지 않고 견디면 된다네."

길가메시는 자기가 이미 여러 번의 죽을 고비를 넘기고 어려움을 극복해 냈으니 잠 따위에 패배하지 않을 것이라고 장담했습니다. 그러나 그는 그렇게 말을 한 뒤 바로 자리에 털썩 주저앉았고, 그 순간 안개가 스르르 세상을 덮듯이 잠이 길가메시를 덮었습니다. 길가메시는 죽음과도 같은 깊은 잠에 빠졌습니다. 그 모습을 본 우투나피시팀은 아내에게 매일 빵을 구워 길가메시의 머리맡에 두라고 일렀습니다. 우투나피시팀의 아내는 매일 빵을 구워 길가메시의 머리맡에 두었습니다. 첫날 구운 빵은 딱딱해졌고, 둘째 날에 구운 빵은 가죽처럼 질겨졌으며, 셋째 날에 구운 빵은 습기 때문에 눅눅해졌고, 넷

째 날에 구운 빵은 껍질이 썩었고, 다섯째 날에 구운 빵은 곰팡이가 피었고, 여섯째 날에 구운 빵은 아직 먹을 수 있었고, 일곱째 날에 구운 빵은 익어 가고 있었죠.

그렇게 빵이 쌓여 갈 동안 길가메시는 죽은 듯이 잠에 빠져 있었습니다. 일주일이 지나자 우투나피시팀이 길가메시를 깨웠습니다. 길가메시는 잠깐 졸았을 뿐이라고 항변했으나 자신의 머리맡에 놓인 일곱 개의 서로 다른 빵을 보고 고개를 숙이고 말았습니다.

"저 빵을 보라. 자네가 자는 동안 구운 빵이라네. 자네는 여섯 날 일곱 밤 동안 잠들어 있었지. 오랜 모험을 했으니 피곤했을 테지. 이제 충분히 쉬었을 테니 자네의 집이 있는 우루크로 돌아가거나."

죽음은 어떻게 우리를 지혜롭게 만들까?

우투나피시팀은 길가메시에게 모든 인간은 죽어야 한다는 사실을 알려 주었습니다. 길가메시는 도둑처럼 다가오는 죽음을 마냥 기다리기만 해야 하냐고 되물었으나 우투나피시팀은 더 이상 그를 상대하지 않았습니다. 다만 뱃사공에게 길가메시를 잘 씻기고 좋은 옷을 입혀서 돌려보내라고 말했을 뿐입니다.

그런데 길가메시가 빈손으로 돌아가야 하는 상황이 딱했는지 우투나피시팀의 아내는 남편에게 길가메시에게 선물을 주라고 부탁했습니다. 우투나피시팀도 살아 있는 인간으로서 처음 자기를 방문한 길가메시에게 한 번 더 호의를 베풀기로 하죠. 우투나피시팀은 길가메시에게 젊음을 잃은 사람이 먹으면 젊음을 되찾을 수 있는 마법의 풀이 있는 장소를 알려 줍니다. 그 풀은 바다 깊은 곳에 있었죠.

선물을 받은 길가메시는 두 발에 무거운 돌을 매달고 바다 깊은 곳으로 내려가서 풀을 뽑아 올라왔습니다. 불사는 아니더라도 젊음을 되찾을 수 있다는 사실에 흥분하고 감사해했지요. 우루크로 돌아가던 길에 길가메시는 차고 맑은 물이 솟는 샘을 발견하고 기쁜 마음에 그곳에서 옷을 벗고 목욕을 했습니다. 그때 샘에 살고 있던 뱀 한 마리가 길가메시의 옷에서 나는 향기로운 냄새를 맡고 다가와 젊음의 풀을 먹고 허물을 벗은 다음 어디론가 사라졌습니다. 이렇게 영원한 젊음은 뱀의 것이 되고 말았지요.

뱀은 봄이 오면 허물을 벗어 던집니다. 예부터 사람들은 이를 보고 봄이 오면 뱀이 젊음을 되찾아 영원히 산다고 믿었습니다. 그리스도교에서 뱀을 사탄으로 몰기 전까지 뱀이 젊음과 생명의 상징이었던 이유는 바로 이 때문이며, 길가메시 신화 속 뱀 이야기는 이런 믿음에서 나온 것이겠죠.

뱀에게 젊음을 빼앗긴 길가메시는 눈물을 흘리며 절망에 빠졌습니다. 그리고 인간은 죽음을 피할 수 없다는 진실을 깨닫습니다. 인간은 죽지 않는 것은 고사하고 다시 젊음을 되찾는 것도 불가능함을 알게 된 것이죠.

결국 길가메시는 운명을 받아들였습니다. 빈손으로 떠나 빈손으로 돌아왔으나 대신 이전까지 그 누구도 갖지 못했던 강한 용기와 깊은 지혜가 그와 함께했습니다. 과거에 그는 포악한 왕이었으나, 모험을 통해 지혜와 힘을 얻은 그는 이제 사람들을 행복하게 만드는 현명하고 위대한 왕이 되었습니다. 그리하여 이제까지 알려진 인간 가운데 그와 어깨를 견줄 이가 없을 것이라는 찬사까지 얻었습니다. 신이 정한 운명의 날, 그는 편안하게 죽음을 받아들이고 새로운 여행을 떠나듯 조용히 눈을 감았습니다.

죽음을 기억하는 사람은 길가메시처럼 지혜를 얻을 수 있지 않을까요. 인간은 모두 죽는다는 사실을 마음으로 받아들이게 되면 탐욕이나 질투와 같이 우리를 괴롭히는 것에서 벗어나 타인과 세계에 너그러워질 수 있을 테니까요. 언젠가 자신이 죽는다는 사실을 떠올리면 굳이 많은 것을 가지겠다는 욕망이나 타자에게 고통을 주겠다는 마음에서 조금 벗어날 수 있을 겁니다.

이렇게 얻게 된 너그러운 시선은 탐욕에 사로잡혀 있을 때 보이지 않던 많은 것을 보고 느끼게 해 줍니다. 지혜는 거기에서 나고 자랍니다. 어찌 보면 단순한 길가메시의 모험은 바로 이 삶의 비밀을 깨우치는 여정이었습니다. 이런 까닭에『길가메시 서사시』는 서아시아 지역 곳곳에서 사람들의 입에 오르내리고 점토판에 기록되어 수천 년의 오랜 세월을 건너 현재로 전해진 것입니다. 죽음을 기억한다는 것은 곧 삶의 비밀을 깨닫는 것이라는 진실과 함께 말이죠.

우리는 모두 시한부 인생을 산다

우리는 고대 신화의 신들처럼 영생하지 못하고 언젠가 죽어야 한다는 점에서 이미 시한부 인생입니다. 과거에 비해 수명이 엄청나게 늘었으나 죽음이 예정되어 있다는 점은 다르지 않습니다. 기대수명이 100세라면 100년짜리 시한부 인생인 셈이죠.

만약에 말입니다. 몸이 아파 병원에 갔다가 여러분에게 남은 시간이 1년이라는 답을 들었다고 가정해 봅시다. 그럼 여러분의 삶은 어떻게 바뀔까요? 모르긴 해도 거의 대부분 삶의 태도와 생활 방식을 바꿀 것입니다. 일단은 남은 시간을 조금이라도 늘리기 위해 온갖 노력을 하겠지요. 노력이 성과를 거둔다면 다행이지만, 유의미한 변화가 생기지 않는다면 엘리자베스 퀴블러 로스가 말한 죽음의 수용 5단계, 즉 부정-분노-타협-우울-수용의 과정을 통과해 결국 죽음을 받아들이게 될 것입니다. 예정된 죽음을 받아들인 다음에는 죽기 전에 버킷리스트에 들어 있던 것을 모두 해 보겠다며 이 일 저 일을 계속 시도할지도 모르고, 아예 삶의 방향을 바꿔서 근본적으로 이타적인 또는 이기적인 삶을 살아갈 수도 있습니다.

즉 죽음을 자기의 일로 깊이 받아들인 사람은 이전까지 자기를 가두고 옥죄던 여러 생각이나 타성에서 벗어나 스스로에게 솔직해질 수 있고, 한편으로 종착지가 명확해진 만큼 시간을 보내는 방식도 더욱 구체적이고 체계적으로 바뀔 수 있다는 것입니다. 마치 정해진 날짜에 맞춰 계획을 세우고 하루하루 실행하는 여행자처럼 말이죠.

그런데 지금은 앞서 살펴보았듯이 죽음에 대한 상상력과 두려움을 자극해 오던 종교의 영향력도 약해진 데다, 상품 판매를 위해 죽음을 은폐하고 왜곡하려는 자본주의의 공략이 효과를 발휘하면서 죽음을 진지하게 대면하고 받아들이는 사람들이 점점 줄고 있습니다.

다른 한편으로 죽음은 영화나 게임, 웹툰 등 대중이 즐기는 문화 속에서는 별다른 여과 없이 장맛비처럼 쏟아져 내리지만, 역설적으로 이런 복제된 죽음들은 죽음을 피상적인 것으로 만들어 우리를 죽음의 진면목에서 점점 멀어지게 만듭니다. 그래서인지 지금 우리는 기억이 희미해진 치매 환자처럼 죽음을 잘 기억하지 못합니다. 죽음의 본질을 깨닫고 위대한 인물이 된 길가메시와 같은 사람은 좀처럼 만나기가 힘들고, 미디어에서 만들어 낸 위대하지는 않고 유명하기만 한 이른바 인플루언서와 셀럽이 한껏 가벼워진 삶의 화려함만을 뽐내고 있는 듯이 보입니다. 일반 대중 역시 죽음으로부터는 눈을 돌리고 그들에게 열광하고 있지요.

과거가 좋으니 그때로 돌아가자는 말을 하는 게 아닙니다. 죽음이 삶을 억누르던 그런 시대가 좋았던 것만도 아니고요. 또 죽음 이후의 삶을 위해 현재의 삶을 희생하거나, 언젠가 찾아올 죽음을 미리부터 불안해하며 전전긍긍할 이유도 없습니다. 그러나 삶이 끝난 뒤에 죽음이 찾아오고 좋은 죽음은 좋은 삶에서 온다는 것, 그리고 죽음이 삶을 새롭게 변화시켜 줄 수 있다는 사실을 우리는 가슴에 담아야 합니다. 그래야 죽음의 지배를 받거나 죽음을 부정하지도 않으면서 현재의 좋은 삶을 위해 죽음을 활용할 수 있지요.

이제 죽음을 찾는 여정도 막바지에 이르렀습니다. 이제 죽음이라는 거울에 우리의 삶을 비춰 볼 차례입니다. 무엇보다 중요한 것은 현재 우리의 삶이니까요.

9

죽음의 이야기는
삶에 관한 이야기

죽음과 삶에 대한 마지막 이야기를 본격적으로 나누기에 앞서 그리스 신화에 등장하는 이카로스를 만나보겠습니다. 잘 알려진 것처럼 이카로스는 하늘을 높이 훨훨 날았던 사람입니다. 그러나 자유롭게 하늘을 날 수 있는 날개를 만들 때 접착제로 쓴 밀랍이 태양의 열기를 받아 녹으면서 날개가 부서졌고, 더 이상 하늘을 비행할 수 없게 된 이카로스는 말 그대로 급전직하, 바다로 곧장 떨어져 죽음을 맞았습니다.

　이카로스가 하늘에서 맹렬한 속도로 추락하는 광경을 목격한 사람들은 너무 놀라서 몸 안에 있어야 할 피가 밖으로 드러났고, 그 이후 피부가 검붉게 변했다고 전합니다. 이들은 커피의 원산지로 유명한 에티오피아 사람들인데, 사실 에티오피아라는 말은 '태양에 그을려 얼굴이 검은 사람들'이라는 의미입니다. 어쨌든 이카로스는 새처럼 날개를 펼치고 자유롭게 하늘을 날았으나 마음이 원하는 만큼 한껏 멀리 그리고 높이 날지는 못 하고 떨어지고 말았습니다.

이카로스, 최고의 순간에 맞이한 죽음

이카로스의 아버지이며 당시 그리스 최고의 기술자였던 다이달로스는 크레타의 왕 미노스에게 죄를 지어 아들과 함께 라비린토스(미궁)에 갇혔습니다. 다이달로스는 탈출을 위해 새의 깃털을 하나하나 모아서 밀랍으로 이어 붙인 거대한 날개를 두 쌍 만들었지요. 다이달로스는 라비린토스를 탈출해 비행에 나서기 전에 거대한 날개 한 쌍을 아들 이카로스에게 주며 조심해야 할 점을 간곡하게 당부합니다.

주의사항의 핵심은 너무 낮게 날지도 말고 너무 높이 날지도 말라는 것이었습니다. 너무 낮게 날면 바다에서 올라오는 습기 때문에 날개가 무거워지고 그로 인해 날갯짓이 힘들어져서 추락할 수 있고, 너무 높이 날면 태양의 열기 때문에 밀랍이 녹아 날개 자체가 해체되고 역시 그로 인해 추락할 수 있기 때문이었죠. 따라서 하늘과 바다 사이에서 열기와 습기가 균형을 이루는 경계를 따라 날아야 한다고 여러 차례 강조하고 또 당부했습니다.

처음에 이카로스는 다이달로스의 말을 떠올리며 막 비행을 시작한 새끼 새처럼 조심스럽게 하늘을 납니다. 나는 데 서툴기도 했으니 그럴 수밖에 없었을 것입니다. 그는 아버지의 말처럼 하늘과 바다 사이에서 태양의 열기와 바다의 습기가 어느 하나도 지나치지 않은 구역을 유지하려고 애를 썼습니다. 열기와 습기 어느 한쪽이 날개를 망가뜨리지 않도록 거리를 적절하게 조절하며 날았지요.

그러나 이카로스는 젊었습니다. 그것도 잘 벼려진 칼날처럼 시퍼렇게 젊었죠. 조금씩 비행에 익숙해지고 날갯짓이 편해지면서 하늘 높이 마음껏 자유롭게 날아보고 싶어졌습니다. 감옥처럼 갑갑했던 라비린토스에서 벗어난 이카로스는 마음이 잔뜩 부풀어 욕망이 이끄는 대로 강하게 날갯짓을 했고 그만큼 몸은 하늘을 향해 위로 솟구쳤습니다. 또 그만큼 아버지의 경고와 당부는 아득히 멀어졌지요.

하늘 높이 오르자 날개를 촘촘하게 이어주던 밀랍이 햇볕의 뜨거운 열기에 조금씩 녹아 내리기 시작했습니다. 밀랍이 녹아 내리고 있었지만 이카로스는 그런 줄도 모르고 매우 행복했을 것입니다. 온전한 삶의 자유와 높이가 주는 아찔함과 흥분, 요즘 말로 표현하면 도파민과 아드레날린이 화산처럼 분출하며 절정의 행복감을 맛보았을 테니까요.

그리고 그 절정의 순간에 이카로스가 맞닥뜨린 것은 무시무시한 추락이었습니다. 올라간 만큼 내려가야 하며, 가속도가 붙어 올라갈 때보다 훨씬 빠른 추락이었죠(오늘날에도 유명 정치인이나 연예인이 스캔들 때문에 엄청난 속도로 추락하는 것을 가끔 목격합니다). 이카로스는 그 추락이 주는 충격과 바닷물과의 충돌을 이겨내지 못하고 죽고 말았습니다. 그래도 그의 이름은 인간의 한계를 뛰어넘으려는 야망과 도전을 보여주는 신화로 남았습니다.

이카로스의 신화로 이야기의 문을 연 것은 물론 우리의 주제인 죽음에 관해 말하기 위함입니다. 탈출과 비행, 추락으로 이어지는 이카로스 이야기는 영화처럼 흥미진진해서 여러 예술가들에게 영감을 주었습니다. 뿐만 아니라 이카로스의 죽음은, 죽음과 삶이 깊이 이어져 있음을 잘 보여주기도 합니다.

사실 죽음은 단독으로 자기 이야기를 갖지 못합니다. 삶의 끝에 죽음이 찾아온다는 점에서 삶이라는 서사를 통해서 죽음의 의미가 비로소 형성되고 이야기가 완성된다는 뜻입니다.

장례식장에서 자주 듣는 이야기 가운데 하나가 "이렇게 죽기 아까운 사람인데 너무 빨리 갔어"라는 말입니다. 그런 말 뒤에는 그가 생전에 얼마나 좋은 사람이었는지에 대한 이야기가 이어지지요. 아니면 "그렇게 살더니 결국 갔네"라는 말을 듣기도 합니다. 이런 말 뒤에는 다른 이야기 없이 침묵이 이어지는 경우가 많은 듯합니다. 내용은 다르지만 이 두 말은 결국 죽은 자의 삶이 어떠했는지를 한마디로 정리한 것입니다. 우리는 누군가의 죽음 앞에서 그의 죽음이 아닌 그의 삶에 관해 이야기하는 경우가 많습니다. 그의 삶이 좋은 삶이었는지, 문제는 없었는지, 아쉬운 점은 무엇인지 말하지요. 이렇듯 죽음은 삶과 이어져 있고 그의 죽음은 그 삶을 통해 평가됩니다. 안타까운 죽음인지 다행스러운 죽음인지, 무미건조한 죽음인지 말이죠.

삶과 죽음은 겉모습이 전혀 달라서 물과 불처럼 서로 어울릴 수 없을 것처럼 보이지만 실제로는 서로를 비추는 거울과도 같습니다. 죽음이나 삶 어느 한쪽만 존재할 수 없을뿐더러, 둘은 서로를 지지하는 끈끈한 동지처럼 보이지 않게 서로의 손을 단단하게 맞잡고 있습니다. 그렇습니다. 죽음의 이야기는 삶의 이야기이고 뒤집어도 마찬가지입니다. 그렇기에 예부터 여러 철학자와 종교 지도자가 설파한 그대로 '죽음은 삶'이라는 은유가 성립하는 것이지요.

이런 점에서 이카로스 신화는 우리에게 많은 것을 생각하게 만듭니다. 하늘과 바다라는 두 경계 사이에서 균형을 유지하며 날아야한다는 점에서 '중용'과 같은 오래된 미덕에 관해 이야기를 끄집어낼 수도 있고, 균형 감각을 잃고 하늘로 한없이 올라가다가 추락해 죽는 이카로스의 모습에서 자본주의 사회의 탐욕이나 시스템 붕괴와 연결지어 이야기할 수도 있겠지요.

이카로스 신화는 우리의 평범한 삶과도 여러모로 닮아 있습니다. 이카로스의 짧고 강렬한 삶을 가래떡처럼 길게 늘인 다음 잠시 생각해 보세요. 우리의 삶과 비슷하지 않은가요? 우리 역시 이카로스처럼 삶과 죽음의 경계에서 아슬아슬하게 살아가고 있으니까요. 과거보다 수명이 많이 는 것과는 상관없이 죽음은 언제든지 우리를 찾아올 수 있습니다. 굳이 코로나19 팬데믹이나 부쩍 잦아진 대형 참사를 떠올리지 않더라도 갑작스러운 질환이나 사고 등으로 느닷없이 죽음을 맞는 예를 주변에서 어렵지 않게 찾을 수 있습니다. 그리고 우리 역시 그런 일에서 예외가 될 수 없음을 알고 계실 것입니다.

이카로스의 죽음을 여러분은 어떻게 바라보고 있는지요? 감옥과 같은 라비린토스에 갇혔다가 탈출해서 한 번이라도 자유롭게 마음껏 날다가 죽었으니 좋은 죽음이라고 할 수 있을까요? 아니면 이제 겨우 자유를 얻었는데 욕망에 사로잡혀 자유의 기쁨을 제대로 누리지도 못하고 종말을 맞이한 비극으로 봐야 할까요? 아마도 이에 관한 판단은 자기 삶을 바라보는 각자의 견해에 따라 다를 것입니다. 죽음에 대한 평가는 그때까지의 삶에 대한 평가에 달려 있다는 의미입니다.

위의 논의를 더 발전시켜 보면 자기가 좋은 삶이라고 여기는 삶을 살다가 죽음을 맞이한다면 그 죽음은 좋은 죽음이고 그렇지 못한 경우는 나쁜 죽음이라고 할 수 있습니다. 어떤 삶이 좋은 삶인지는 명확한 답이 없겠지만, 한 가지 분명해 보이는 점은 순간의 욕망보다 인류의 오랜 가르침을 따르는 삶이 좋은 삶일 가능성이 더 크다는 것입니다. 이것이 우리가 인류의 역사에 위대한 이름을 남긴 이의 삶을 살펴보거나 고전을 들여다보는 이유 가운데 하나이기도 합니다.

좋은 죽음과 나쁜 죽음

이쯤에서 좋은 죽음과 나쁜 죽음을 가를 수 있는 죽음의 순간에 대해 생각해 보죠. 과연 어떻게 죽어야 좋은 죽음이고 어떻게 죽어야 나쁜 죽음이 되는 걸까요? 먼저 죽음학의 선구자로 인정받는 엘리자베스 퀴블러 로스의 이야기를 들어보겠습니다. 그는 자서전인 『생의 수레바퀴』에서 자기가 어릴 때 목격한 좋은 죽음을 이렇게 묘사했습니다.

"농부는 지금 내가 '좋은 죽음'이라고 부르는 죽음을 맞이했다. 자기 집에서 사랑에 둘러싸여 존경을 받으며 존엄하게 숨을 거두었다. 가족은 하고 싶은 말을 모두 전했고 '미련과 후회 없는 슬픔'에 잠겼다."

죽음을 앞둔 많은 사람을 면담하고 죽음을 받아들이는 5단계를 제시한 퀴블러 로스는 지금껏 살아온 곳, 그래서 가장 편안한 집에서 가족을 비롯한 지인들과 지나온 삶을 회상하고 작별할 시간을 충분히 보낸 뒤 맞는 죽음을 좋은 죽음으로 보았습니다. 지금까지 살아온 생활을 배경으로 편안하게 인간으로서 존엄을 유지하며 삶을 마무리하는 것이 좋은 죽음이라는 뜻이지요.

사람마다 바라는 바는 모두 다를 것입니다. 따라서 좋은 죽음이란 무엇인가라는 질문에 대한 답도 제각각이기 쉽습니다. 하지만 좋은 죽음의 구체적인 모습이 여럿일지라도, 좋은 죽음들을 관통하는 하나의 속성은 말할 수 있을 것 같습니다. 가장 좋은 죽음은 스스로 만족스러워하는 죽음이라고 말이죠.

앞에서 본 농부의 죽음은 스스로 흡족해하는 죽음이었습니다. 이는 좋은 삶을 살았다는 만족감에서 온 것이겠지요. 가족 역시 "미련과 후회 없는 슬픔"이라는 표현에서 알 수 있듯 진정으로 애도하고서 상실의 슬픔을 건너갈 수 있었습니다.

이런 좋은 죽음은 죽음을 맞이하는 당사자의 노력만으로 이룰 수 있는 것이 아닙니다. 주변의 도움이 꼭 필요합니다. 우선 당사자는 스스로 정한 가치관과 삶을 대하는 적절한 태도로 만족스럽고 좋은 삶을 살아야 합니다. 이카로스처럼 욕망에 휘둘리는 대신 삶과 죽음 사이에서 열기와 습기의 위험을 끊임없이 떠올리며 잘 살다가 때가 왔을 때 주체적으로 죽음을 받아들이는 것, 이것이 좋은 삶의 모범 답안인 듯합니다. 그렇지만 바람이 나무를 흔들 듯, 자신을 둘러싼 사람들과 사회의 조력이 없으면 삶은 바다에 떠 있는 작은 나무배처럼 위태롭게 흔들리다 물속으로 가라앉을 수 있습니다. 예를 들어 당사자가 아무리 노력한다 해도 배우자나 자식이 자기보다 일찍 죽는다면, 혹은 사회에 전쟁 같은 재난이 벌어진다면 그의 삶은 만족스러울 수 없겠지요.

그렇다면 나쁜 죽음은 무엇일까요? 스스로 받아들일 수 있는 좋은 죽음을 맞이하지 못하게 하는 요인은 아주 많습니다. 러시아 소설가 톨스토이의 작품 『안나 카레니나』는 "행복한 가정은 모두 모습이 비슷하고 불행한 가정은 모두 제각각의 불행을 안고 있다"라는 유명한 문장으로 시작됩니다. 이 문장은 죽음에도 그대로 적용할 수 있습니다. 다시 말해 좋은 죽음은 좋은 삶에서 유래한다는 점에서 모두 비슷하고, 나쁜 죽음은 모두 제각각 다른 얼굴을 하고 있습니다. 그리고 좋은 삶의 모습과 좋은 죽음에 대한 사람들의 희망과 바람이 달라지면, 나쁜 죽음이 무엇인지에 대한 생각도 바뀌게 됩니다.

예를 들어 우리가 살아온 동아시아 문화권에서는 집이 아닌 바깥에서 죽는 죽음을 '객사'라고 부르며 터부시했습니다. 예전에 한국 전쟁 때 많은 사람이 끌려가 죽임을 당했다는 곳을 발굴하는 현장을 찾은 적이 있습니다. 그런데 놀랍게도 그곳에서는 변변한 유골 하나 나오지 않았습니다. 그 현장은 50명이 넘는 사람이 총살을 당했다고 여러 사람이 생생하게 증언한 구덩이였으나 몇몇 유류품 외에 죽음의 흔적은 없었습니다. 이 발굴 결과를 어떻게 이해할 수 있을까요? 연구자들은 궁리 끝에 이렇게 추정했습니다. 여러 사람이 그곳에서 총에 맞고 사망한 것은 사실이나, 객사가 아닌 평범한 죽음으로 만들기 위해 유족들이 엄중한 감시를 피해서 몰래 시신을 빼돌렸을 가능성이 크다고 말이죠.

　이런 사례는 우리나라에만 있는 것이 아닙니다. 베트남 또한 타지에서 죽음을 맞이해 돌아오지 못하는 것을 매우 불길하게 여기는 나라입니다. 그런데 베트남 전쟁 때 전쟁터로 내몰린 수많은 젊은이가 집으로 돌아오지 못하고 객사를 하고 말았죠. 전쟁 이후 한동안 베트남 사회의 큰 관심 가운데 하나는 죽은 자의 영혼을 어떻게 집으로 돌아오게 할 것인가 하는 문제였습니다. 이 문제의 핵심은 전쟁터에서 전사한 사람을 객사라는 나쁜 죽음이 아니라 일반적인 죽음(가능하다면 좋은 죽음)으로 만드는 것이었습니다.

　객사의 원인은 옛날 옛적의 호환(호랑이에게 당하는 변)부터 오늘날의 교통사고에 이르기까지 너무나도 많습니다. 그리고 우리 문화에서는 객사를 당하면 원한을 품은 귀鬼가 된다고 여겼습니다. 객사, 즉 나쁜 죽음을 맞았으니 죽어서도 원한을 품게 된다고 본 것이지요. 한곳에 정착해서 가족 및 이웃 공동체와 함께 평생을 살아가는 농경사회에서, 돌봐 줄 사람 없이 혼자 멀리 떨어진 곳에서 죽는 건 나쁜 죽음일 수밖에 없었습니다.

　그런데 농경사회와 달리 현대사회에서는 계속 이동하며 살기 때문에 그만큼 객사의 확률이 높아졌습니다. 또 오늘날에는 대부분 집이 아닌 병원에서 죽고 집이 아닌 장례식장에서 장례를 치릅니다. 과거의 관점에서 보면 이 또한 객사라 할 수 있습니다. 이런 죽음 방식이 오늘날의 사회 제도와 문화에서는 더 편리하기에 많이 채택되고 있습니다. 병원에서 죽으면 사망 원인을 특정할 수 있고 그에 따라 의사가 사망진단서를 바로 발급하기 때문에 행정적인 절차가 수월하게 진행되지만, 집에서 죽으면 혹시 타살일 가능성도 있기에 경찰도 방문해서 조사해야 하고 장례식장을 잡는 일 등 여러 절차가 더 번거로워지니까요.

그렇지만 편리함의 뒤에는 짙은 그늘이 드리워져 있습니다. 병원에서의 죽음은 앞서 퀴블러 로스가 제시한 좋은 죽음과 크게 다른 모습입니다. 아무래도 병원에서는 추억과 작별의 시간이 없이 각종 처치를 계속하다가 약에 취해 세상을 떠나는 경우가 많을 수밖에 없으니까요. 이런 죽음을 인간의 존엄을 갖춘 죽음이었다고 평가하기 힘들지 않을까요? 그래서 사회 일각에서는 병원이 아닌 집에서 죽자는 사회운동을 벌이고도 있으나 그러기에는 현실이 녹록하지 않습니다.

함께 하는 삶, 함께 하는 죽음

고인류학에서 제시하는 사실 가운데 죽음과 관련한 몇몇 흥미로운 것이 있습니다. 잘 보면 그 내용이 삶과 죽음을 관통하는 핵심과 맞닿아 있는 듯합니다.

잘 알려진 것처럼 초기 고대 인류는 몸집이 압도적으로 크지도 않았고 날카로운 발톱과 같은 신체적 무기도 발달하지 않았으며 딱히 자랑하고 내세울 고유한 장점이 없었습니다. 심지어 당시에는 뇌의 용량도 침팬지와 크게 다르지 않았기에 기술적인 우위도 없이 오

출처: Wikimedia commons

이 네안데르탈인의 두개골은 왼쪽 뼈가 뭉개져 있는데, 생전에 한쪽 눈의 시력을 잃었을 정도의 큰 부상을 입었던 것으로 보입니다. 이러한 장애에도 불구하고, 그는 오늘날의 80세에 해당하는 40~50세까지 생존한 것으로 파악됩니다. 네안데르탈인들이 다치고 약해진 동료들을 돌보며 함께 살았다는 것을 짐작하게 해 주는 증거입니다.

롯이 신체 능력만으로 생존을 도모해야 했습니다. 초기 인류는 맹수들이 우글거리는 가혹한 환경에서 살아남기 매우 힘들었을 것이라 생각합니다. 그들이 생존을 위해 고군분투하는 모습을 상상해 보면 안쓰러움을 넘어 감동이 느껴질 정도이지요. 어쩌면 지금 우리의 삶도 그렇게 힘든 것이리라는 생각도 한 구석에서 듭니다.

인류는 그렇게 거친 세상에서 살아남았고 수십억 년에 이르는 지구 역사에서 최초로 단일한 종이 세계를 지배하는 초유의 경지에 이르렀습니다. 이 비결은 과연 무엇일까요? 앞에서 석기와 불을 사용하기 시작한 이래 늘어난 육식이 고대 인류의 뇌 용량을 비약적으로 키웠다고 말씀드린 바 있습니다. 커진 뇌를 통해 정신적 우위를 점했다는 뜻이지요. 그런데 그전부터 고대 인류가 사용해 온 또 하나의 비법이 있었습니다.

그건 다름 아닌 '함께'하는 협동입니다. 육체적 힘이 약한 고대 인류는 700만 년 전 아프리카의 안락한 밀림에서 초원으로 밀려 납니다. 그 뒤로 직립해서 두 발로 걷기 시작하고 송곳니 크기가 줄어들며 인간만의 특성을 만들기 시작합니다. 흔히 처음 등장한 고대 인류의 특징으로 이 두 가지를 꼽습니다. 두 가지 가운데 직립해서 두 발로 걷는 것은 이미 널리 알려진 사실이니 더 파고들지 않고, 여기서는 작아진 송곳니에 집중해 보겠습니다.

다른 영장류, 즉 침팬지를 비롯해 오랑우탄이나 고릴라 등은 지금도 큰 송곳니를 갖고 있습니다. 그런데 날카로운 송곳니를 가진 호랑이와 사자 같은 맹수들이 육식을 하는 것과 달리 이들은 나무 열매

침팬지와 달리 우리 인간에게는 상대를 위협하는 큰 송곳니가 없습니다. 위협보다 협력이 고대 인류에게 더 도움이 되었다는 의미일 겁니다.

나 채소를 주식으로 먹습니다. 맹수들은 사냥감의 목숨을 끊을 때 송곳니를 사용합니다. 하지만 영장류는 사냥을 거의 하지 않으므로 송곳니를 쓸 일도 거의 없습니다. 그럼 이들은 송곳니를 어디에 쓸까요? 영장류가 송곳니를 드러내는 것은 주로 상대를 위협할 때, 예를 들어 암컷을 사이에 두고 다툴 때입니다.

그런데 초기의 고대 인류는 송곳니 크기를 줄이는 쪽으로 진화했습니다. 진화인류학자들은 그것이 상대를 위협하기보다 함께 협력하며 사는 쪽을 선택한 결과가 아니었을까 하고 짐작하고 있습니다. 혀로 자신의 송곳니를 더듬어 보세요. 그런 다음 다른 영장류의 송곳니 사진을 찾아 비교해 보세요. 그러면 작아진 송곳니가 무엇을 의미하는지 쉽게 이해할 수 있을 것입니다. 진화인류학자들은 협력이 인류의 본성이라는 증거로 아무것도 바라지 않고 음식을 나눠 먹는 동물이 세상에 인류밖에 없다는 점을 듭니다. 다른 영장류 동물들은 음식을 나눠 주기는 하지만 동맹을 비롯한 이익이 있을 때만 그렇게 합니다. 그리고 음식을 나눌 때도 상대에게 더 작은 것을 주지요.

고대 인류의 화석 연구를 통해서도 협력하는 삶의 증거를 찾을 수 있습니다. 예를 들어 러시아 남부 알타이산맥의 한 동굴에서 발견된 네안데르탈인의 화석에는 다리가 부러진 흔적과 치료를 받은 흔적이 함께 남아 있습니다. 그것은 누군가가 부상당한 사람을 배려와 애정으로 돌보았다는 증거입니다. 맹수들은 사냥 도중에 부상을 입어 운동 능력이 현저하게 떨어지면, 무리에서 버림을 받거나 죽음에 이르는 경우가 많습니다. 하지만 고대 인류는 그렇게 하지 않고 서로 돌보며 함께 살았던 것입니다.

그렇게 함께 돕고 살면서 협력을 원활하게 하려고 언어가 만들어지고, 언어를 통한 소통의 확장, 이른바 인지혁명을 이루어 번성하기 시작해 마침내 오늘날과 같은 거대 문명의 주인이 되었다는 게 이제까지 밝혀진 사실입니다. 한 가지 흥미로운 것은 인류 진화의 핵심이 '함께'였는데 오늘날 기술혁명의 화두가 '연결'이라는 점이지요.

이런 인류의 진화 과정을 살펴보며 얻을 수 있는 좋은 삶의 힌트는 이것입니다. 바로 우리는 함께할 때 제대로 살 수 있다는 것이지요. 우리는 홀로 살 수 없고 역시 홀로 죽을 수 없습니다. 인간은 사회적 동물이라는 아리스토텔레스의 말을 떠올릴 필요도 없이 우리는 거의 본능적으로 이 사실을 알고 있습니다. 퀴블러 로스가 앞에서 제시한 농부의 좋은 죽음 역시 가족 및 이웃(퀴블러 로스는 당시 이웃에 사는 소녀였습니다)과 함께 맞이한 죽음이었습니다. 사람은 궁극적으로 홀로 죽음과 대면해야 하지만 그 과정에서는 혼자가 아니라 함께일 수 있습니다. 타자와 함께 어울려 사는 것이 좋은 삶인 것처럼 타자와 함께 맞이하는 죽음이 좋은 죽음입니다.

근래 들어 죽음이 임박한 환자들이 삶을 마무리할 장소로 일반 병원 대신 가족 및 이웃과 함께 삶을 잘 마무리할 수 있는 호스피스 병원을 선택하는 것도 이런 맥락 아닐까요? '함께'는 우리의 삶과 죽음을 관통하는 핵심 가치입니다.

역사라는 긴 흐름 속에서 죽음을 바라보기

그리스 신화에 시간의 신 크로노스 이야기가 나옵니다. 거인족인 티탄으로 제우스를 포함한 여섯 남매의 아버지인 그는 자신의 아버지인 하늘의 신 우라노스를 몰아내고 신들의 왕이 되었습니다. 그래서일까요? 크로노스는 자신 또한 자식에게 밀려날 것을 우려했습니다. 그래서 그런 일이 일어나는 것을 사전에 방지하기 위해 자식이 태어날 때마다 족족 삼킵니다.

잠깐 생각해 보세요. 영원히 사는 신들의 세상에서는 다를지 모르지만, 우리 인간의 세상에서는 자식이 일부러 부모를 몰아내지 않고 가만히 있어도 부모는 밀려날 수밖에 없습니다. 누구나 나이를 먹고 늙어서 죽음에 이를 수밖에 없으니까요. 자식이 부모를 몰아내는 것이 아니라 시간이 부모를 몰아냅니다. 가만히 있든 온갖 저항을 다하든 시간은 흐르고 언젠가 죽음이 찾아오게 됩니다.

그런데 우리는 크로노스처럼 자식(죽음)에게 밀려날까 봐 전전 긍긍하고 있는 건 아닌지요. 일어날 수밖에 없는 일을 두고 고민할 필요는 없지 않을까요?

죽음이 삶의 과정이라는 것은 인류가 지금껏 겪은 오랜 진화나 지구에 찾아온 다섯 번의 대멸종과 수십 차례의 작은 멸종 등에서도 확인할 수 있습니다. 기후 변화와 소행성 충돌 등이 원인이 되어 발생한 지난 다섯 번의 대멸종 때마다 지구 생물은 거의 궤멸 상태에 이르기도 했습니다. 대멸종에서든 작은 멸종에서든, 당시 죽음을 맞이한 생물에게는 아닌 밤중에 홍두깨와 같은 날벼락이었을 것입니다. 하지만 그런 죽음을 딛고 새로운 생물의 삶이 시작되었습니다. 그런 죽음이 없다면 새로운 생명의 탄생도(당연히 우리 인간도) 없었을 겁니다.

진화생물학과 인류학의 연구에 따르면 지금까지 스물다섯 종의 화석인류가 지구상에 나타났다가 사라졌습니다. 이들은 모두 멸종해 화석으로만 남았고 스물여섯 번째 종인 호모 사피엔스가 현생인류로서 지구에 살고 있습니다. 호모 사피엔스에 이르는 기나긴 인류 역사 역시 새로운 종의 탄생과 멸종, 또는 삶과 죽음이 되풀이돼 왔음을 확인해 주는 사례이지요. 새로운 종이 나타날 때마다 인류는 변화하여 과거의 허약한 사냥감에서 지금은 지구의 지배자로 거듭날 수 있었습니다.

지구의 역사라는 거대한 흐름 속에서 삶이 생겨나고 그 속에서 죽음이 태어나는 이 과정을 물끄러미 지켜보면 죽음에 대한 생각과 관점이 조금은 달라질 수 있을 것 같습니다. 지금보다 더 넓고 긴 시선으로 세상을 바라보는 거지요. 한번쯤 시간을 내서 이 길고 오래된 역사를 찬찬히 살펴볼 것을 권합니다. 지금껏 알던 세상과 조금 다른 세상을 만날 수 있을 것입니다.

물과 불이 함께 부르는 아름다운 노래

남아메리카 페루에서 전해지는 신화를 한 편 들려드리겠습니다. 이 이야기를 들으며 삶과 죽음처럼 서로 대립하는 것이 어떻게 어울릴 수 있는지, 그리고 그 어울림이 우리 삶에 어떤 영향을 끼칠 수 있는지 잠시 생각해 보시기 바랍니다.

과거 언젠가 세상에는 아직 불이 없었고 불은 오직 세상을 창조한 신의 궁전에만 있었습니다. 신의 궁전에는 몸집이 아주 큰 불새가 살았는데 궁전에 갇혀 사는 게 늘 불만이었습니다. 불새의 소원은 하늘을 마음껏 날아보는 것이었지요.

시간이 지나면서 마음껏 날고 싶다는 불새의 희망은 간절한 욕망으로 바뀌었고, 불새는 그것이 삶의 이유라도 되는 듯 하늘을 나는 것을 바라고 또 바랐습니다. 뜻이 있으면 길이 생긴다고, 어느 날 불새는 궁전을 빠져나갈 기회를 얻었습니다. 불새는 뒤도 돌아보지 않고 궁전을 빠져나가 드넓은 하늘을 마음껏 날아다녔지요.

마음이 들뜬 불새는 탐욕스럽게 하늘을 날다가 앞에 있는 큰 바위를 피하지 못하고 부리를 부딪치고 말았습니다. 바위와 불새의 부리가 부딪친 충격으로 불똥이 사방으로 튀었습니다. 샘물에 떨어진 불똥은 그 물을 따라 동굴로 흘러들어 뜨거운 용암이 되었습니다. 바위에 떨어진 불똥은 바위 깊숙이 파고들었고요. 그렇게 불을 품은 돌, 즉 부싯돌이 생겨났습니다.

문제는 숲에 떨어진 불똥이었습니다. 나뭇가지 위로 떨어진 불똥은 삽시간에 큰불이 되어 번져 나갔습니다. 불은 세상을 모두 삼키겠다는 듯이 타올랐고 불길이 지나간 곳은 죽음의 색인 검은색으로 변했습니다. 땅의 표면 곳곳에 불에 그을린 멍이 가득했고, 땅의 어머니는 뜨거운 아픔을 느껴야 했습니다.

불을 처음 본 사람들은 너무 놀라 큰 충격을 받았습니다. 사람들은 의논 끝에 불을 하늘의 신이 보낸 신으로 여기고 숭배의 대상으로 삼았습니다. 사람들은 불을 '신의 뜻'이라는 의미인 '니나'라는 이름으로 불렀습니다. 사람들은 하늘 신 다음으로 높은 자리에 니나를 모시고 마음을 다해 경배했지요. 니나를 상징하는 색깔은 불꽃을 의미하는 붉은색이었습니다. 사람들은 니나에게 공물을 바쳤고 니나는 그때마다 기쁘다는 듯이 날름 먹어치웠죠.

얼마 후 사람들은 니나가 지닌 세 가지 힘을 알아차렸습니다. 추울 때 따뜻하게 해 주는 힘, 어두울 때 환하게 밝혀 주는 힘, 음식을 맛있게 만들어 주는 힘이 그것이었습니다. 사람들은 앞다투어 니나를 자기 집에 데리고 가서 집의 한가운데에 모시고 경배했습니다. 사람들은 니나의 세 가지 힘을 활용해서 밝고 따뜻하며 맛있는, 그래서 예전보다 좋은 삶을 살게 되었습니다.

언젠가부터 사람들은 니나가 다시 하늘로 돌아갈지 모른다고 걱정하기 시작했습니다. 그래서 돌아가지 못하도록 니나 주변에 세 힘을 상징하는 세 개의 돌을 두어 지키게 했습니다. 이 세 개의 돌은 자연스럽게 화로의 역할을 했지요.

얼마 후 장마철이 찾아와 비가 온종일 주룩주룩 내렸습니다. 비가 내리자 하늘 신 다음으로 강한 힘을 지녔다고 여겼던 불의 신 니나가 전혀 힘을 쓰지 못하는 것을 보고 사람들은 많이 놀랐습니다. 그리고 얼마 후 니나가 신이 아니라 신이 자신들에게 준 선물임을 깨달았습니다.

사람들은 니나가 물을 싫어한다는 걸 알고 나서 물과 만나지 않도록 조심 또 조심했죠. 어느 날, 니나가 물을 싫어한다는 걸 깜박한 한 사람이 물이 가득 채워진 토기 그릇을 세 개의 돌 위에 올려두었습니다. 그러자 니나는 즐겁다는 듯이 몸을 흔들며 춤을 추었고 토기 속의 물 또한 기쁘다는 듯이 보글보글 소리를 내며 노래를 부르다가 도저히 참을 수 없다는 듯이 끓어올랐습니다.

사람들은 서로 만날 수 없다고 여겼던 불과 물이 춤추고 노래하는 모습을 보고 위대한 신의 진정한 선물이 무엇인지를 깨달았습니다. 불과 물은 서로 어울릴 수 없지만, 흙으로 만든 그릇을 중간에 두면 서로 깊이 사랑하는 사람처럼 잘 어울린다는 것을 말이죠. 그것은 니나가 지닌 네 번째 힘으로 가장 큰 힘이기도 했습니다.

이 신화에서 물과 불을 우리가 지금껏 이야기해 온 삶과 죽음으로 바꾸어도 크게 달라지지 않습니다. 물과 불이 함께할 수 없는 것처럼 삶과 죽음이 동시에 함께 존재할 수 없습니다. 그러나 토기가 물과 불을 함께 어울릴 수 있게 한 것처럼 삶과 죽음을 함께 존재하게 만드는 것이 있지요. 바로 '나' 또는 '우리'입니다. 우리는 삶과 죽음 양자를 모두 포섭하거나 분리할 수 있습니다.

그렇기에 빛나는 삶과 좋은 죽음, 또는 그 반대도 모두 내게 달려 있습니다. 적어도 나를 토대로 이루어집니다. 결국, 삶이든 죽음이든 중요한 것은 바로 내가 무엇을 어떻게 하냐일 겁니다.

마치며: 때로 가까이서, 때로 멀리서

지금까지 인류학과 신화라는 두 렌즈로 수많은 인류가 마주했던 죽음을 바라보았습니다. 인류학과 신화는 때로는 현미경이 되기도 하고 때로는 망원경이 되기도 하며 아주 가까이서 또는 저만치 멀리서 죽음을 바라볼 수 있게 해 주었지요. 이를 통해 죽음을 향한 인류의 생각은 "우리는 몰랐고 앞으로도 모를 것이다"라는 관점부터 "죽음은 존재하지 않으며 삶은 계속된다"는 관점까지 그 스펙트럼이 매우 넓었다는 걸 알 수 있었습니다. 그 생각에 따라 죽음과 조화를 이루려는 모습부터 죽음에 맞서 투쟁하는 모습까지 다양한 인류의 행적을 살펴봤습니다.

죽음에 대한 인류의 생각을 뒤쫓는 이 여정을 통해서 죽음과 죽음을 둘러싼 문화는 인간을 가장 인간답게 만드는 문화적 장치임을 확인했고, AI가 삶의 중심이 되어 가며 인간다움 또는 인간이란 무엇인가 하는 물음이 새롭게 제기되는 오늘날 죽음과 그 문화는 오히려 묵직한 무게로 다가오고 있음도 확인할 수 있었습니다.

그리고 죽음의 여정에서 만난 인간의 죽음은 야생동물의 그것처럼 단순히 신체가 썩는 물질의 부패만을 의미하는 것만이 아니라 인류가 깊고 높게 구축한 상상의 제국이라고 부를 수 있을 정도로 거대한 세계이기도 했습니다. 인류는 선사시대부터 무덤에 꽃을 바치고 유품을 함께 묻으며 보이지 않는 저 너머의 세계를 상상하고 새로운 세상을 꿈꾸어 왔지요. 그를 통해 죽음은 삶의 단절이 아니라 사회적 관계를 재구성하고 공동체의 결속을 굳게 만드는 강력한 문화장치로 작동해 왔습니다.

이 장치를 움직이는 동력은 우리가 앞서 확인한 것처럼 '이야기'입니다. 야생동물의 죽음은 생태계의 순환으로 이어지지만 인류의 죽음은 이야기로 이어집니다. 인류학에 더해 신화를 여정의 길라잡이로 삼았던 이유는 여기에 있습니다.

우리는 이 책에서 이야기의 모습을 한 죽음의 문화적 풍경을 여럿 마주했습니다. 산 자의 애도와 죽은 자의 장례를 통해 죽음의 의미가 어떻게 탄생해서 발전했는지, 죽음이 어떻게 공포의 대상에서 함께 살아가는 공존의 대상이 되었는지 등을 설명하는 문화적 원리를 만나고, 인류가 죽음에 어떤 의미를 부여하고 그 생각을 어떻게 표현했는지도 목격할 수 있었습니다.

그런데 오늘날 우리가 주변에서 만나는 죽음은 이야기의 힘을 잃고 있는 듯이 보입니다. 그건 현대를 살아가는 우리가 과거와 달리 죽음을 삶에서 배제하고 소외하고 있기 때문이 아닐까 합니다. 구체적으로 보자면, 과거에 자신이 살던 곳에서 가족을 비롯한 많은 사람에 에워싸여 죽음을 맞이하던 것과 달리 이제는 낯선 병원에서 진통제에 취해 몽롱한 상태로 있다가 죽음을 맞이하고 있지요. 달리 표현하면 지금은 삶과 죽음이 서로 불화하고 있으며, 그 과정에서 어쩌면 이혼에 이를 수도 있겠다는 생각까지 듭니다.

이렇게 죽음이 삶에서 분리되면서, 한편으로 당연하고 다른 한편으로는 역설적으로, 오늘날 우리는 죽음을 두려워하기 시작했습니다. 어쩌면 기계로 이루어진 연명 장치를 몸에 달고서 오직 숫자와 데이터로 표시되는 삶의 마지막이 공포를 불러일으키는 것인지도 모르겠습니다. 그런 죽음은 더 이상 삶의 일부거나 연장선상이 되지 못하며, 피해야 할 그 무엇이 되고 맙니다. 그렇게 죽음과 정면으로 마주하지 못하는 사회에서는 삶이 지닌 소중함과 아름다움이 잊히기도 쉽지요. 건강하고 좋은 삶에 대한 관념과 감각이 죽음을 망각하면서 함께 무너져 내리기 때문입니다. 또 그런 사회에서는 삶 또한 살아가는 게 아니라 그저 연명하는 것이라는 듯 숫자와 데이터로 표현되곤 하지요. 이것이 우리가 건강한 삶을 위해 죽음을 기억하고 가까이 두어야 할 이유입니다.

이제 인류의 출현과 동시에 나타나기 시작한 죽음에 대한 생각을 뒤쫓는 여정을 마무리해야 할 듯합니다. 마지막으로 정리하자면, 죽음은 삶의 반대말이 아니라 삶이라는 그림을 담는 액자의 테두리와 같다는 생각이 듭니다. 액자 테두리가 있어야 그림이 완성되듯이, 삶에 죽음이라는 테두리가 있어야 오늘이라는 시간을 사랑이나 희망으로 빛나는 그림으로 완성해 걸어 둘 수 있을 것입니다.

신화와 인류학의 오랜 가르침처럼 인간은 홀로 죽지 않아야 하며 죽음은 애도받아야 합니다. 그 가르침에 따르면 죽음은 우리를 공격하는 존재가 아니라 우리의 끝을 정함으로써 현재를 의미 있게 살게 해 주는 존재입니다. 함께 서로를 기억하고 애도할 수 있다면, 죽음도 두려워하고 피하려고만 할 필요는 없지 않을까요?

오랜 세월 인류가 쌓아 올린 죽음을 향한 깊은 시선과 구체적인 탐색이 불안한 오늘을 살아야 하는 우리에게 묵직한 성찰의 힘을 줄 수 있기를 바랍니다.

죽음의 인류학

2026년 4월 10일 초판 1쇄 발행

글 이경덕
편집 이기선, 김희중, 곽명진 • 디자인 Firstrow
펴낸곳 원더박스 • 펴낸이 류지호
주소 (03173) 서울시 종로구 새문안로3길 30, 대우빌딩 911호
전화 02-720-1202 • 팩시밀리 0303-3448-1202
출판등록 제2024-000122호(2012. 6. 27.)

ISBN 979-11-92953-79-3 (03380)

• 잘못된 책은 구입하신 서점에서 바꾸어 드립니다.
• 독자 여러분의 의견과 참여를 기다립니다.
  블로그 blog.naver.com/wonderbox13 • 이메일 wonderbox13@naver.com